KB077560

초판 1쇄 인쇄 2017년 01월 17일
초판 1쇄 발행 2017년 01월 23일

지은이 김천희
펴낸이 김양수
표지 본문 디자인 곽세진   교정교열 염빛나리

펴낸곳 휴앤스토리   출판등록 제2016-000014
주소 (우 10387) 경기도 고양시 일산서구 중앙로 1456(주엽동) 서현프라자 604호
대표전화 031.906.5006   팩스 031.906.5079
이메일 okbook1234@naver.com   홈페이지 www.booksam.co.kr

Copyright ⓒ 2016 by 김천희

ISBN 979-11-958838-7-5 (03190)

*이 책의 국립중앙도서관 출판시도서목록은 서지정보유통지원시스템 홈페이지(http://seoji.
  nl.go.kr)와 국가자료공동목록시스템(http://www.nl.go.kr/kolisnet)에서 이용하실 수 있습니다.
  (CIP제어번호 : CIP2017001598)
*이 책은 저작권법에 의해 보호를 받는 저작물이므로 무단전재와 무단복제를 금지하며, 이 책
  내용의 전부 또는 일부를 이용하려면 반드시 저작권자와 휴앤스토리의 서면동의를 받아야 합
  니다.

*파손된 책은 구입처에서 교환해 드립니다.   *책값은 뒤표지에 있습니다.

나 는 스 펙 보 다 태 도 가 좋 다

contents

CHAPTER I
스펙보다는 태도가 중요하다

추천사

일일삼성—日三省. '하루에 세 가지를 돌아본다'는 뜻으로, 날마다 자신의 행동을 반성하고 개선하라는 한자성어다. 이 말을 남긴 중국의 증자曾子는 남을 정성껏 도와주었는지, 친구에게 믿음 없는 행동을 하지 않았는지, 스승의 가르침을 잘 익혔는지 날마다 자기 자신을 돌아보았다고 한다.

35년이 넘는 직장생활을 돌이켜 보면, 매일 스스로 되돌아보고 하루를 반성하는 시간이 매우 귀중한 것 같다. "오늘 내 행동과 태도는 어땠는지?", "내 말과 행동은 과연 일치했는지?" 특히, 관계의 연속인 직장생활에서 태도와 인성은 매우 중요하다. 회사에서 내가 모든 것을 할 수 없기 때문이다. 업무 추진을 위해서 부하 직원들을 다독이며, 결과를 끌어내야 한다. 옛말에 '먼저 갈 거면 혼자 가고, 멀리 가려면 같이 가라'는 말이 있듯이, 소통과 협업 능력, 상생相生의 마인드가 필요하다.

직장생활에서 스펙보다 태도가 중요하다는 말에 공감한다. 직장생활에는 늘 어려운 상황과 위기가 상존한다. 그 안에서 할 수 있다는 마음가짐과 긍정적인 태도는 어려움을 극복하는 원동력이 된다. 끝까지 기필코 추구하는 목표에 도달하겠다는 끝장 정신, 도전과 개척정신은 직원들이 꼭 갖춰야 할 태도다.

예를 들면 바로 이런 사람들이다. 힘든 일 앞에서도, "제가 하겠습니다" 하고 선뜻 자진해서 손을 드는 사람, 현장을 발로 뛰며 누비는 사람, 나보다는 동료를 먼저 생각하는 사람, 무에서 유를 창조하는 도전적인 사람들이다.

이 책에는 실제 직장인들의 애환과 고충이 담겨있다. 직장인으로서 인정받고 우수 인재로 자리 잡을 수 있는 조언을 포함하고 있다. 막연히 긍정적 마인드와 밝은 태도를 견지하라고 강요하기보다는 저자의 경험과 사례들을 예로 들면서 설득하고 있다. 아울러 어느 한쪽에서만 바라보는 것이 아니라, 사원부터 부장까지 지녀야 할 태도를 균형 있게 다루고 있다.

직장생활을 준비하는 대학생, 사회생활을 갓 시작한 신입사원, 타성에 젖어 자기계발과 동기부여가 필요한 중견 직원들에게 일독을 권하는 바이다.

끝으로 바쁜 업무 속에서도 한 권의 책을 집필한 용기와 노력에 큰 박수를 보낸다.

현대건설 글로벌마케팅본부장
부사장 김형일

추천사

책을 쓴다는 것은 어려운 일이다. 한창 바쁘게 일하는 젊은 직장인인 경우는 더 어렵다. 이렇게 어려운 일을 굳이 실천한 저자는 왜 책을 썼을까? 단순히 본인이 정한 버킷리스트 중의 하나를 달성하기 위해서? 차장이 되기까지 직장 생활 중에 깨달은 것들을 정리하기 위해서? 여러 사람과 공유하기 위해서? 아니면 품격있는 자기 자랑? 여러 이유가 있을 것이다. 다양한 평가 가능성에도 불구하고 용기를 내 출간한 저자의 용기에 박수를 보낸다.

사실 난 저자의 대학원 지도교수다. 이 책을 읽고 나니 저자가 내 강의에서 무슨 생각을 했을지 궁금해졌다. 깊은 성찰을 지닌 학생에게 교수로서 과연 본이 되었는지? 직접 물어보고 싶은 마음이 간절했지만, 지금 추천사를 쓰게 된 사실만으로 한편으론 뿌듯함이 있다. 이 책은 대학생, 취준생, 현직 직장인들을 위해 실로 다양한 삶의 지혜들이 녹아 있다. 빠르게 변하는 4차 산업혁명 시대에, 회사도, 대학도, 직장인도 모두 변화를 예측하느라, 준비하느라, 적응하느라 정신이 없다. 이 책은 한 사회 초년생이 사회에 어렵사리 적응해 온 일종의 자전적인 고해성사다. 그 과정에서 얻어진 삶의 지혜를 꼼꼼하게 정리해 나누고 있어서 공감할 수 있는 것들이 참 많다.

인공지능 컴퓨터와 같이 로봇의 발전이 우리 일자리를 더 많이 빼앗아 가는 두려운 미래가 앞에 놓여 있다. 하지만 저자의 책 속에서 희망적인 미래를 본다. 변화에 적응하고자 노력하는 인간의 창의적 능력의 한계는 어디까지인가? 이 책은 그런 면에서 미래를 염려하는 여러 사람에게 희망적인 메시지를 전해주고 있다. 여러분들 스스로 이 메시지를 통해 이상적인 직장인으로 거듭나길 바란다.

2016. 12. 25. 크리스마스 아침에
한양대학교 건축공학부
교수 김재준

Prologue

나는 마라토너다. 대학생부터 시작한 마라톤이 벌써 15년이 넘었다. 50회 이상 하프 및 풀코스 완주 기록이 있는 나는 마라톤의 매력을 인생에 대한 비유에서 찾곤 한다. 나 같은 아마추어들에게 마라톤 도전은 기록 단축이 아니라, 완주다. 자기와의 싸움에서 이기는 것이다. 마라톤을 뛰다 보면 포기하고 싶고, 때로는 다리 밑으로 몸을 던지고 싶은 충동이 생긴다. 그런 단계를 거치면 언제부턴가 숨쉬기가 고통스럽다든가 하는 괴로움이 사라진다. 바로 몸이 붕 하고 뜨는 듯하면서 하늘이라도 오를 듯한 그 쾌감! 몸이 가벼워지고 머리가 맑아지면서 경쾌한 느낌이 든다. 이를 '러너스 하이Runner's high 혹은 러닝 하이Running high'라고 한다. 그 단계를 거치면, 마의 30km 구간이 다가온다. 이때는 그야말로 자신과의 싸움이다. 그저 앞사람 발만 보고 뛰는 것이다. 이때 포기하는 분들도 많이 생긴다.

인생은 마라톤이다. 마라톤 초보자들은 처음에 냅다 뛰어버린다. 마음은 완주인데, 몸은 초보다. 그러다가 초반에 오버 페이스를 하고, 결국 나머지 거리를 다 걸어서 완주한다. 그러나 여러 번 뛴 경험이 있는 자들은 철저히 계산한다. 내 몸 상태를 계산해서 에너지를 분산시킨다. 마라톤은 인생의 태도와 습관을 그대로 반영한다. 너무 빨리 가려다가 오버 페이스를 해서 그날 마라톤을 포기하기도 한다. 또 허기져서 중간중간에 놓인 물과 초코파이를 허겁지겁 먹다 보면, 몸이 퍼져 천근만근이다. 무거워진 다리로 인해 결국 레이스를 포기하게 된다. 과도한 욕심이 부른 결과다. 프로 마라토너들은 자기 몸이 허락한다면 구간별로 놓인 물도 잘 안 마시려 한다. 그저 물을 홀짝이며 입맛만 다신다. 그런 철저한 자기 관리와 태도 속에서 결국 마라톤 완주라는 선물이 성큼 다가온다. 자기와의 싸움에서 이기고 피니쉬 라인에 도달한 순간, 그 느낌은 말로 표현할 수 없다. 이것은 완주해 본 사람만이 누릴 수 있는 쾌감이다. 인생 또한 똑같다.

지독히도 힘들 때, 지친 삶을 위로하고 싶을 때, 뜨거운 정열이 고갈될 때, 난 자기계발서를 읽었다. 술도 좋고, 운동으로 푸는 것도 좋지만, 결과는 소모적이었다. "인사 잘해라", "생각을 바꾸면 인생이 바뀐다", "시간 관리와 인맥관리를 잘해라" 등 이 모든 제언은 어쩌면 당연한 말일지도 모른다. 다만, 우리는 알면서도 행동하지 않을 뿐이다. 습관으로 체화가 안 돼서 그렇다. 그래서 계속 되뇌어야 하며 주문을 걸어야 한다. 지속해서 자극을 줘야 한다. 매일 인생의 멘토를 만나 술잔을 나누며 고민을 나누고 코치 받을 순 없다. 하지만 진실성 있는 자기계발서와의 만남은 이것이 가능하다. 내가 정말 힘이 들고, 절망에 빠져있을 때 나를 일으켜준 건 바로 자기계발서였다.

이젠 내가 쓰는 이 글을 통해 위로를 받고 힘이 되었으면 좋겠다. 이 글은 평범한 회사원이 던진 세상을 향한 몸짓이다. 그동안의 내 삶과 경험, 내가 읽었던 몇백 권의 소중한 자기계발서가 그대로 녹아있다. 마치 내가 벌거벗은 모습을 들킨 것처럼 부끄럽기도 하다.

　이 책은 현직 직장인이 쓴 직장인을 위한 자기계발서다. 자기계발서는 교육이나 컨설팅 분야에 몸담은 작가가 쓴 경우가 대부분이다. 하지만 다른 분야에서 근무를 해왔고, 직장생활에서 태도의 중요성을 몸소 체험한 내용이 그대로 녹아든 이 책은 다른 책들과는 또 다른 가치가 있다. 남의 이야기보다는 내 영혼을 담으려고 더 노력했다. 어쩌면 이 책은 자기계발서가 아닌 '자기고백서'라고도 할 수 있다. 아무쪼록 이 책을 통해 일도 잘하고, 태도도 좋은 직장인들이 많아지길 소원한다.

2017년 겨울
저자 김천희

쿨한 대리, 멋진 부장 되는 비결

스펙보다는
태도가 중요하다

I Than spec Have a
good attitude

1

직장생활 성공비법,
대기업 직원들에게 물어보았다

최근 대기업 직장인들을 대상으로 "가장 선호하는 선배·후배의 유형은?"에 대한 설문 조사 결과가 시선을 끈다. 그 결과 "모르면 물어보는 후배, 부하 직원 실수를 자신 탓으로 감싸주는 상사"가 1순위로 꼽혔다. 응답자들은 먼저 사랑받는 후배가 되려면 모르는 것을 부끄러워하지 않고, 묻고 깨지면서도 지치지 않는 열정을 보여야 한다고 입을 모았다. 특히, 신입사원의 경우 처음부터 큰일이 주어지지 않기 때문에 스스로 할 일을 찾는 적극적인 모습이 필요하다고 충고했다. 뜻밖에 '인사를 잘하고, 예의 바른 후배'가 그다음을 차지했다. 언제나 밝은 얼굴로 큰 소리로 인사하는 후배를 보면 긍정 에너지가 전파돼 온종일 기분 좋게 일할 수 있다는 이유에서다.

'팀의 일원으로 함께 일할 줄 아는 후배'도 3위에 이름을 올렸다. '일 잘하는 후배'는 4위를 차지했다. 흔히 대기업에는 엘리트들만 모여 있다 보니 업무 능력이 더 중시될 것으로 생각하기 쉽지만, 1·2·3 순위 모두 능력보다는 태도에 관한 얘기였다. 그 이유는 무엇일까?

최근에 서점을 개설해 이슈가 된, 카피라이터 최인아 前 제일기획 부사장은 한 신문 칼럼에 이렇게 썼다.

"신입사원으로 같이 출발한 사람들이 시간이 흐르면 누구는 저만치 앞서가고 누구는 대열에서 멀어진다. 무엇이 이런 차이를 만드는가. 나는 시간을 어떻게 대하는가의 차이에서 길이 갈린다고 믿는다. 시간이 걸리더라도 본질로 승부를 하는가 그렇지 않은가에서 길이 나뉜다고 믿는다. 당장은 눈에 잘 드러나지 않고, 그래서 많은 사람이 중도에 다른 데 눈 돌리기도 하지만, 결국 시간이 흐른 뒤에 보면 본질의 가치를 믿는 자가 브랜드건 사람이건 오래 살아남아 파워를 갖는 법이다."

명문대 출신, 넘치는 스펙, 창의성 넘치는 기획 솜씨, 뛰어난 글로벌 마인드와 외국어 구사 능력, 창의적인 신사업 개발 능력과 화려한 스피치 능력, 이런 것들이 다가 아니다. 어찌 보면 너무나 당연한 사람 됨됨이와 자세, 태도가 회사 안에서의 성장 가능성, 즉 직장생활 미래를 좌지우지한다.

　　　　　　　　　　　　　나는 스펙보다 태도가 좋다

미국의 자수성가형 거부였던 클레멘트 스톤은 이렇게 말했다.

"사람들 간의 차이는 미미하다. 그러나 그 미미한 차이가 큰 차이를 만들어 낸다. 미미한 차이는 태도이고, 큰 차이는 그 태도가 긍정적이냐 부정적이냐 하는 것이다."

클레멘트 스톤은 일찍 아버지가 사망하고, 가정형편이 나빠 6살 어린 나이에 신문팔이를 시작했다. 13살 때에는 자기 이름으로 고정 신문대를 가졌다. 16살 때에는 미국 디트로이트에 보험사를 설립했다. 그가 설립한 보험사는 빠른 성장을 거듭했고 결국 그는 억만장자가 되어 미국 포천지에 50대 부자 중 하나로 선정되었다. 그야말로 무일푼에서 자수성가한 대표적 인물이다. 클레멘트 스톤은 사람들은 사실 별 차이가 없다고 말한다. 다 똑같이 하루 24시간을 보내고 세끼 밥을 먹고 일하고, 쉬고, 자고 하지만 결국 미미한 차이가 큰 차이를 만들어 낸다. 조금 더 노력하고, 조금 더 열정을 가지고 일상을 지낸 사람 중 나중에 보면 큰 성공에 다다른 사람들이 많다는 것이다. 즉 우리 일상 가운데 행하는 태도가 큰 차이로 나타나게 된다. 이런 예는 우리 주변에서도 흔히 볼 수가 있다.

초·중·고등학교 동창들을 20년 정도 지나서 이제 만나보면 성공한 자와 그렇지 못한 친구들이 뚜렷이 구분된다. 학창시절 우등생이 결국 인생의 성공자로 매듭지어지는 것은 결코 아니다. 직장생활에서도 그렇다. 같이 입사한 동기 중에서 유난히 돋보이던 그 동기들은 지금 다 어디에 갔을까?

회사에서 내가 모든 것을 다 할 수는 없다. 독불상군은 없다. 업무 추진을 위해서는 팀원들을 다독이며, 결과를 이끌어야 한다. 그래서 소통과 협업 능력이 중요하다. 우리 팀이 못하면 타부서에 협조를 받아야 한다. 이 과정에서 필요한 것은 소통과 나를 낮추는 겸손의 미덕이다. 고마워할 줄 알고, 베풀 줄 알고, 함께 성공하는 상생相生 마인드가 필요하다. 업무 능력이 음식 재료라면, 태도와 자세는 음식 풍미를 더해 주는 양념과 같다.

회사에서 일 잘하는 후배가 예의도 바르고, 인성도 좋으면 더 키워주고 싶은 마음은 인지상정人之常情이다. 일은 잘하는데 태도가 안 좋으면 2순위, 아니 3순위다. 사람은 그렇다. 나보다 일 잘하는 후배가 아닌, 나를 더 잘 따라주는 후배가 좋은 것이다.

회사에서 잘 나가는 사람들의 유형은 대개 적극적이고, 항상 밝으며, 긍정적인 직원들이다. 우리는 그런 분들을 부러워하고 칭찬한다. 왜 그럴까? 그것은 우리 자신도 그렇게 되기를 원하기 때문이다. 소위 잘 나가는 사람들은 대부분 자신을 사랑하고 모든 업무를 할 수 있다는 자신감이 충만해 있는 사람이다. 이처럼 긍정적인 인생관을 가지게 되면 자신감이 생기고 누구나가 좋아하게 될 매력을 풍기는 사람으로 바뀌게 된다. 직장생활에서 자신감은 매우 중요하다. 자신감은 상대방이 누구든 간에 지위의 높고 낮음을 떠나서 자기 생각과 느낌을 상대방에게 직접 솔직하게 말하는 힘이 된다.

태도는 한 개인이 어떤 대상에 대해 가지고 있는 지속적인 좋음과 싫음의 경향성을 뜻한다. 그래서 사람뿐만 아니라 조직, 일 등에 대하여 좋아하거나 싫어하는 것이 모두 태도가 된다. 태도를 고치려면, 자신을 되돌아보고 자신이 긍정적 태도나 좋은 습관을 지니고 있는지를 파악해 보자. 그리고 부정적 태도나 나쁜 습관이 있다면 이것들은 성공으로 가는 길을 막는 걸림돌이 되므로 고쳐야 한다.

직장인으로서 가져야 할 바람직한 태도는 무엇일까?

첫째, 매사에 적극적인 태도를 지녀야 한다.

소극적인 태도를 적극적인 태도로 바꾸는 것은 매우 중요하다. 적극적인 태도는 어떤 일을 추진하는 원동력이 된다. 우리 주변에도 매사에 소극적이고, 부정적인 직원들이 많다. 소극적인 태도를 지닐 경우에는 매사를 부정적으로 바라본다. 별다른 이유 없이 동료를 적대시하고 혹평하는 직원이 되기 쉽다. 우린 이런 직원들을 경계해야 한다.

둘째, 개방적이고 쾌활한 태도를 지녀야 한다.

항상 귀를 열어두어야 한다. 내 업무뿐만이 아니라, 타 팀 업무, 타 본부 업무, 나아가 동종업계 일까지 모두 꿰뚫고 있어야 한다. 열린 마음으로 다른 직원 이야기를 듣고 같이 걱정해 주는 태도는 주변에 사람을 가득히 모이게 한다. 또한 어려운 문제에 부딪혀도 긍정적으로 생각하고 유머러스한 태도는 리더십의 백미白眉다. 어려운 상황에서도 직원들을 감싸주고 때론 초월하는 모습을 보여주는 중역들 모습에 직원들은 따를 수밖에 없다.

셋째, 성숙하고도 관용적인 태도를 지녀야 한다.

성숙한 태도는 편견 없이 사람을 있는 그대로 객관적으로 보고, 자기감정을 조절한다. 넓은 마음으로 타 직원과 공존하며 협조적인 모습으로 나타난다. 또한, 관용의 태도는 상대방 처지에서 약점보다는 장점을 발견하려고 노력하는 태도다. 사람을 상대할 때 성숙과 관용의 태도로 대하면 더욱 원만한 직장생활을 할 수 있다.

태도가 굳어지면 어느새 습관이 된다. 부정적인 태도나 나쁜 습관은 자신을 위해 반드시 고쳐야 한다. 습관은 반복 때문에 틀이 된다. 좋은 습관을 갖기 위해서는 되풀이해서 행동에 옮겨야 한다. 그리고 부정적인 사고가 엄습하면 긍정적인 사고를 연상해서, 단호히 물리쳐야 한다. **좋은 생각, 좋은 행동, 좋은 습관, 좋은 인격은 서로 밀접하게 연관되어 있다.**

"생각이 바뀌면, 행동이 바뀌고, 행동이 바뀌면 습관이 바뀌고, 습관이 바뀌면 인격이 바뀌고, 인격이 바뀌면 운명이 바뀐다." 항상 좋은 생각, 좋은 태도를 생활화하자.

2

사원, 대리 업무
습관과 태도는 평생을 간다

　한 번 습관이 되면 평생 고치기 어렵다. 늦게 일어나는 습관, 말대꾸하는 습관, 기록 안 하는 습관, 술 마시면 돌변하는 습관, 늦게까지 TV 보는 습관 등. 특히 안 좋은 습관일수록 더욱 관성이 생겨서 바꾸기 어렵다. 하지만 좋은 습관과 태도는 평생을 가기도 한다. 담배 안 피우는 습관, 일찍 일어나는 습관, 항상 메모하는 습관, 아침에 운동하는 습관, 배려하고 고마워할 줄 아는 습관과 태도 등이 몸에 배면 평생을 간다. 좋은 습관과 태도는 그래서 중요하다.

직장생활에서도 초기 습관과 태도가 평생을 간다. 신입사원, 직장생활 초년 차의 업무 습관과 태도는 직장생활을 좌우한다. 사원, 대리 때 모습과 평판은 회사에서도 매우 오래 기억이 되기 때문이다. 신입사원이 처음 오게 되면, 어떻게든지 스포트라이트를 받게 되어있다. "과연 어떤 사람일까?" 정말 이목이 쏠린다. 그래서 다양한 테스트를 해본다. 그리고 다음 단계의 반응과 태도를 살펴보며 '루키Rookie'에 대해 평가가 시작된다.

보통 신입사원이 오면 며칠 안에 팀이나 실 전체 회식, 그러니까 신입사원 환영회를 연다. 실장님이나 팀장님께서 술잔도 주시고, 팀원들이 돌아가며 계속 술을 권하게 된다. 그러다 보면 신입사원은 안 취할 수 없다. 그러나 정신력으로 버텨야 한다. 그리고 건배 제의 기회도 주어진다. 이때 잘해야 한다. 준비되어 있지 않은 모습보다는 자기 소신을 담은, 센스 있는 건배 제의를 할 줄 알아야 한다. 술자리가 파한 다음에는? 다음 날 아침 출근 시간을 다들 눈여겨본다. 이때가 정말 중요하다. 전날 술 많이 마시고 들어갔지만, 다음 날에도 쌩쌩하게 일찍 나와서 팀장님과 선배들에게 인사하는 모습을 보면 대견하다. 그러나 지각하거나 연락 두절이 된다면?

아쉽게도 직장생활에서 마이너스 점수를 가지고 시작하게 된다.

나는 일반사원이나 대리급 사원들에게 치열하게 업무에 임할 것을 강조한다. 이때는 본인 업무 능력과 스타일이 다져지는 시기다. 야근도 하고, 밤도 새 보면서 정말 수십 장의 보고서와 싸워 보기도 하고, 업무 매뉴얼과 규정집이 너덜너덜해질 정도로 살펴보면서 일을 우악스럽

나는 스펙보다 태도가 좋다

게 해야 할 때다. 여우가 아닌 곰처럼, 요령 피우지 말고 일의 기본부터 충실히 해야 할 시기다.

내가 현대자동차 사원일 때 일이다. 지역본부에서 본사로 인사발령이 났다. 그것도 국내영업본부 핵심부서인 승용판촉팀으로의 전입이었다. 처음에 발령받고 놀란 것이 두 가지였다. 그것은 내가 배워야 할 게 정말 많다는 것이었고, 두 번째로는 본사에서 근무하고 있었던 동기들의 자신감 있고 능력 있는 모습이었다. 신입사원 때 바로 본사로 명령이 나서 3년여가 지난 동기들은 제법 그 팀의 손과 발이 되어 자신만의 영역을 구축하고 있었다. 난 상대적으로 점점 주눅이 들어 있었고, 의기소침해질 수밖에 없었다. 그렇다면 어떻게 해야 할까? 그들보다 더 열심히 배우고 일해서 따라잡는 방법밖에 없었다. 그 이후로 야근과 주말 출근 일상화를 실천했다. 집에서 쉴 때조차도 항상 머릿속에는 차종 코드와 국내판매시스템 전산 화면이 아른거렸다. 주말에도 회사에 나와 업무 규정과 매뉴얼을 뒤적였다. 매번 주말에 나와 근무하니 이게 사내에 소문이 났고, 담당 워킹그룹장인 과장님을 난처하게 한 적도 있었다.

"내가 너한테 일을 그렇게 많이 시켰니?" 하고 그 당시 과장님이 정색하며 묻기도 했었다. 그렇게 1년을 보내고 나니 점점 업무에 자신감도 생기고, 말에 힘이 생기기 시작했다. 그리고 본사 팀 동료들과 화합이 잘 되면서 그야말로 회사생활이 재밌어지기 시작한 것이다. 지금 내 업무 능력과 태도는 다 그때 다져졌다. 사원, 대리 때 노력과 열정은 직장생활의 자양분이다.

지금 와서 이렇게 일을 하라고 하면 아마 못할 듯싶다. 열정도 그렇지만, 차장, 부장의 상황이 되면 내 몸이 나만의 몸이 아니기 때문이다. 집에는 아내와 아이들이 있고, 각종 경조사와 양가 부모님을 챙겨야 할 일도 많다. 주말이 오히려 더 바쁜 것이다. 사원이나 대리 때야말로, 정말 몸이 부서질 정도로 일할 필요가 있다. 한가한 사원, 대리들 모습을 보면 안타까울 때가 많다. 지금 몸이 편한 것은 나중에 큰 재앙으로 다가오기 때문이다. 과장, 차장이 되어 엑셀, 파워포인트 등을 잘 못 다뤄 보고서를 못 쓰거나, 업무 태도가 안 좋다면 더는 큰 재목이 될 수 없다. 그래서 사원, 대리 때는 바쁠수록 좋다. 많이 깨질수록 좋다.

신입사원 때 매우 엄격하고, 사내에서 독사로 불리는 K 업무과장님이 내 직속상관이었다. 정말 근태를 강조한 분이었고, 특히 업무 태도를 중요하게 여겼다. 새벽에 출근하고, 업무시간에 자리를 비우는 일도 거의 없었다. 업무를 철두철미하게 하는 모습은 후배들에게 많은 귀감이 되었다. 어느 날 나는 입사 동기들과 회식을 거나하게 했다. 동기들과 있으니, 흥청망청 계속 술잔이 돌면서 과음을 한 것이다. 결국 다음날 지각했다. 9시쯤 도착해서 사무실에 들어가니 적막이 흘렀다. 아무도 나에게 뭐라고 하지 않는 상황에 더욱 살 떨렸다. 10시경에 CS 모니터링 현황을 작성해서 K 업무과장에게 드렸다. 그러자 그분은 내가 보는 자리에서 그 현황을 찢었다. 그리고 "야 너 집에 가! 그렇게 일할 거면 당장 때려치워도 좋아!" 그 순간 난 어디 숨고 싶은 생각이 들며 하늘이 노래졌다. 그날 저녁 다른 L 판촉과장님이 다독이며 술을 사주셨지만, 내 평생 잊을 수 없는 순간이었다. 그 이후로 난 지금까지 한 번도 지각한 적이 없다. 그 당시 배웠던 습관과 태도는 지금까지 이어진다.

나는 스펙보다 태도가 좋다

회사에서 매일 행복하게 하고 또 불행하게 하는 것은 무엇일까? 대부분 가족보다도 많은 시간을 보내는 직장 동료 관계로 인해 행복과 불행이 갈린다. 그와 같은 불편함과 즐거움은 큰 업무와 사안의 문제가 아니라, 아주 사소하고 미묘한 작은 태도 차이에서 비롯된다.

업무로 보내는 이메일도 자세한 설명과 따뜻한 말을 함께 보내는 사람이 있는 반면, 그야말로 거두절미하고 아무 코멘트 없이 첨부 파일만 보내는 사람이 있다. 외부 영업활동을 하고 말로 때우는 사람이 있는 반면, 면담 보고서 등을 통해 기록으로 보여주는 직원이 있다. 책상위에 서류를 올려놓으면서도 포스트잇으로 간단한 인사말과 함께 내용을 적어 놓는 직원이 있는 반면, 누가 무슨 일 때문에 이 서류를 여기다 올려놨는지 모르게 하는 사람도 있다. 상사에게 인사를 어쩔 수 없이, 마지못해 하는 사람이 있는 반면, 따뜻한 미소로 진정성 있게 인사를 하는 직원들도 있다.

우리가 어떤 생각을 하고 있는지는 태도라는 매개물을 통해 사람들에게 전해진다. 나의 업무 습관과 태도는 그대로 상대방에게 전달된다. 업무로 하는 전화 한 통에서, 늘 주고받는 이메일 한 통에서, 상사에게 보고하는 태도와 동료들과 대화하는 모습 하나하나에서 우리는 회사와 상대방에 대한 우리들의 생각을 표현하고 있다.

태도가 모든 것을 말해 준다. 그런 습관과 태도는 바로 사원, 대리 때 생겨난다. 지금 바쁘거나 힘들더라도 조금만 참고 버티자. 멋지고 품격 있는 차장, 부장이 되기 위해 꼭 필요한 과정이다. **사원, 대리 업무 습관과 태도는 평생을 간다.**

3

누군가
나를 보고 있다

이 세상에는 거짓이 없다. 언젠가는 다 들통이 나게 마련이다. 특히, 회사에서 내 행동과 말투, 생각 등은 모두가 스캔 되고, 평가받게 된다. 출근하는 모습, 문서 작성하는 모습, 보고하는 모습, 심지어 동료들과의 잡담, 회식자리 하나하나의 모습이 '나'라는 이미지를 만든다.

사사로운 유혹에 넘어갈 때 사람들은 "그걸 어떻게 알겠어?", "이 정도는 괜찮지 않을까?"라는 순진한 생각을 하게 된다. 하지만 회사는 모든 것을 알고 있고 또 알 수 있다. 야근했는지, 야근했으면 무슨 업무를 했는지, 지각했는지, 휴가를 사용했는지 등 지금 회사 보안시스템 정도면 모든 것을 확인할 수 있다. 출입 카드시스템, 그룹웨어 로그인 기록, CCTV 등 우리가 알고 있는 몇 가지만으로도 이미 많은 것을 알 수 있다. 접대를 받았는지 안 받았는지, 법인 카드를 올바른 용도로 사용했는지 마음만 먹으면 다 알 수 있다. 다만 회사가 그런 마음을 먹지 않을 뿐이다.

굳이 이런 말을 하지 않더라도, 우리 대부분 직장인은 성실하고 정직하게 살아간다. 하지만 우리는 불완전한 인간이니까 작은 욕심이 생길 수도 있고, 규정 위반인지 아닌지 모르는 채 잘못된 일을 저지르기도 한다. 그러나 이보다도 더 무서운 것은 "지금은 아무도 안 보고 있을 거야"라고 생각하는 안일한 자세다.

현대자동차에 다닐 때 일이다. 그 당시 러시아공장 총무 주재원을 선정하는 시기였다. 물망에 나와 해외영업본부에 있는 P 대리가 올랐다. 나는 국내영업본부에 근무하고 있었고, P 대리는 해외영업본부에서 근무하고 있었다. 이것은 누가 봐도 명약관화明若觀火한 상황이었다. P 대리는 그 지역 전문가기도 했다. 나는 노문학을 전공했지만, 입사해서는 줄곧 국내영업만 담당하고 있었기 때문이다. 즉, 무늬만 전공인 셈이었다.

그러나 결국, 총무 주재원은 나로 선정되었다. 의외였다. 그 당시 인력운영팀장으로부터 나중에 들은 후일담이다.

"그 친구는 일도 잘했어. 무엇보다 업무 전문성이 높았지.",

"그런데 어느 날 아침에 출근하다가 P 대리가 주차를 하고 있더라고. 회사 주차장 말고, 본사 앞에 있는 마트 주차장에서 말이야."

"그런데 말이야. 유심히 차를 보니, 지금 한창 쏘나타와 경쟁하고 있는 SM5더라고. 다른 경쟁사 차를 타고 있는 직원을 어떻게 총무 담당 직원으로 쓰겠나?"

삼성전자 직원이 갤럭시 시리즈 스마트폰을 쓰고, SK텔레콤 직원이 당사 통신상품에 가입하는 것은 어쩌면 당연한 일이다. 그만큼, 현대자동차 직원이 당사 차량을 사용하는 것은 기본 중의 기본이다. 애사심의 척도로 보는 것 중의 하나이기도 하다. P 대리도 이런 암묵적인 규정을 알고는 있을 것이다. 그런데 설마 회사 인근 주차장에 주차하는 모습을 그것도 인사팀장이 볼 것이라 예상했을까?

또 다른 예화 하나를 소개하겠다. K 차장은 현대자동차 국내영업본부 에이스였다. 국내영업 전 차종 판매조건을 담당하는 K 차장은 무엇보다 깔끔한 업무처리로 정평이 나 있었다. 또한, 전국 지점과 대리점 민원도 아주 매끄럽게 소화하는 것으로 유명했다. 상사들은 일도 잘하고, 중책을 맡았음에도 불협화음 없이 잘 굴러가게 일 처리하는 K 차장을 총애했고, 인사고과도 항상 A 이상이었다.

그런데 어느 날, K 차장이 회의실에서 혼자 아내에게 전화하는 소리를 들었다. 그건 거의 충격이었다.

"야! 왜 자꾸 사무실에 전화질이야."
"집에서 밥만 처먹을 줄 알았지, 네가 도대체 하는 게 뭐야?"

"남편 잘 만나서, 이 정도로 먹고살면 됐지. 뭘 또 바래, 이 XX년 아!"

쌍욕은 그칠 줄 몰랐다. 욕을 아주 많이 해 본 사람처럼 능수능란했다. 정말 충격이었다. 그렇게 일도 깔끔하게 잘하고, 대인관계 좋은 K 차장 모습은 실망 그 자체였다. 방음이 안 된 옆 회의실에는 중역들과 팀장들, 그리고 팀원 몇 명이 있었다. 다들 말은 안 하고 있었지만, 표정은 모두 안 좋았다. 그 일 이후 K 차장이 기존에 잘 쌓아 놓은 좋은 이미지는 물거품이 되었다. K 차장은 직장에서는 에이스였지만, 결국 가정에서는 이기적인 가장이었다. 설마 이 전화 대화 내용을 누가 들을 줄 알았으랴. 결국 내면에 숨겨진 발톱, 가식적인 성품과 태도는 오래가질 못한다. 양의 탈을 쓴 늑대와 같은 양면성이었다.

화려하고 멋지게 차려입은 여자의 거처는 상상하지 못할 정도로 지저분한 경우가 많다. 또한, 사람들과 잘 어울리는 털털하고 보이쉬한 여성의 집이 머물기 불편할 정도로 깔끔하게 정돈된 경우도 있다. 소설가 김형경 씨는 양가성을 이렇게 정의한다.

"양가성은 사람, 사물, 상황에 대해 서로 반대되는 감정과 태도, 경향성이 동시에 존재하는 것을 말한다. 사랑은 대체로 적의와 뒤섞여 있으며, 그것은 인간 보편적 태도다. 양육 초기, 갈등 감정이 행동으로 표현될 때 양육자가 그것을 수용해 주지 않으면 곧바로 양가성은 억압된다. 보통은 분노가 억압되지만, 가끔 사랑의 감정이 억압되기도 한다."

유난히 선량하고, 친절하고 소위 사회와 직장에서 칭송받을 만한 '좋은 사람, 잘 나가는 사람'의 얼굴 뒷면에는 반대 성향이 그만큼 강하게 존재한다. 학창시절 주위에 이런 친구들을 많이 본다. 특별한 도덕성이 요구되는 교사, 목사, 군인들의 자녀가 더 사회적으로 말썽꾸러기가 되는 경우다. 그 부모가 사회적 얼굴 뒤편에 억압해둔 부정적 요소들을 집에 돌아와 꺼내놓을 때 나쁜 영향을 받았기 때문이다. 따라서 회사와 가정 모두, 안과 밖에서 누가 보든 안 보든 간에 올바른 품격과 태도는 매우 중요하다.

누군가 나를 보고 있다. 그 누구는 나자신도 될 수 있고, 동료들 모두가 될 수도 있다. 직장에서 누가 보건 말건 내 양심에 어긋나는 일은 하지 말자. 퇴근해서도, 가정에서도 역시 마찬가지다. 나 또한 그런 유혹에 자유롭지 못하고 흔들린 적도 많다. 하지만 그런 작은 욕심들로 인해 더 큰 것을 잃을 수도 있다. 이것이 "문제가 될 것인가?", "규정 위반일까 아닐까", "누가 이것을 설마 알까?"를 놓고 고민이 된다면, 그냥 하지 말자.

회사가 모든 것을 알고 있어서가 아니다. **이런 무심코 저지른 행동들이 결국 본인에게 부메랑으로 다가오기 때문이다. 그것도 치명적으로 말이다. 회사는 결코 자비로운 곳이 아니다.** 한 번 아닌 사람으로 평판이 나기 시작하면, 그것을 뒤집기 위해서는 수십 배 노력이 필요하다. 자신 있고, 소신 있게, 그냥 제 양심에 맞게 행동한다면 그것이야말로 진짜 정답이다.

4

<u>학생 때 우등생이</u>
왜 사회에서는 우등생이 아닐까?

밴드 모임이나 각종 SNS를 통해 학창시절 소식을 가끔 접할 수 있다. 오프라인에서도 동창회 모임이 활발하다. 처음 정기 모임 하러 가는 길에는 가슴이 콩닥콩닥 뛴다. "어떻게 변했을까? 이젠 벌써 40대 초반 나이인데, 다들 잘살고 있겠지?", "공부 잘해서 서울대에 간 C는 지금 뭐 할까?" 등등 궁금함의 연속이다.

동창회에 가면 각자 현재 상태를 확인하기 위해 서로 바쁘다. 명함과 술잔을 주고받으며, 서로 사회적 위치와 부의 상태를 가늠할 수 있다. 그런데 참 아이러니하다. 학교 때 그리 공부도 잘하고 모범생인 녀

석이 왜 사회에서는 안 풀릴까? 반면에, 정말 공부도 지지리도 못하고 수업시간에 땡땡이만 치던 녀석이 몰라보게 부의 성취를 이룬 경우도 많다. 학교 우등생이 사회에서도 우등생이라는 법은 없는 것일까?

현대자동차와 삼성전자는 한국 간판 기업이다. 매출액 1위, 시가총액 1위, 직원 수 1위 등 자랑스러운 수치가 많다. 그리고 대학생들이 가장 가고 싶어 하는 직장이다. '현대 고시'와 '삼성 고시'라는 말이 있을 정도로 입사 경쟁률은 수백 대 일에 가깝다. 그럼 이렇게 치열한 경쟁을 뚫고 기업의 별인 임원까지 오른 사람들은 과연 어떤 사람일까?

대기업 임원급 인사에서도 학벌이 흔들리는 징후가 나타나고 있다. 중앙일보에서 금융감독원 전자공시시스템을 통해 임원의 학력이 기재되어 있는 기업별 사업보고서를 분석했다. 2003년과 2014년 기준 부사장급 이상 출신 대학^{학부}을 비교한 결과, 삼성전자는 서울대 출신이 가장 많았지만, 비율은 38.5%에서 25.6%로 감소했다. SKY^{서울·고려·연세대} 출신 비율도 59.6%에서 38.4%로 떨어졌다. 부산대·한국외대^{각 3명}, 건국대·숭실대·아주대·충남대^{각 2명}, 경찰대·광운대·국민대·동아대·명지대·이화여대^{각 1명} 등은 2003년엔 한 명도 없다가 지난해엔 부사장급을 배출했다.

현대자동차 부사장급 이상에서도 SKY 출신은 57.1%에서 33.3%로 줄었다. 영남대·관동대·계명대·조선대·한국항공대 등 지방대 출신이 과거와 달리 최고위직까지 오른 것으로 파악됐다. 현대차는 상무 이상 임원 238명의 최종 학력^{석·박사 포함} 분석 결과 지방대인 부산대가 31명으로 가장 많았다. 현대차 관계자는 "고졸이나 전문대 출신 임원이 상

나는 스펙보다 태도가 좋다

당수일 정도로 학벌과 무관한 인사가 이뤄진다"며 "회사 본거지가 울산이라 지방대 기계공학과 출신이 많이 입사한다"고 설명했다. 지난해 포스코 그룹 부사장급은 서울대 다음으로 경북대·부산대 출신이 공동 2위였다.

[출처: 중앙일보 기사, 2014.10.22]

위 사례는 무엇을 말하는 것일까? 서울대 출신이 대기업에 입사는 많이 하지만, 상당수가 연구소 등으로 가는 경우가 많고, 이와 달리 실적을 내는 영업이나 마케팅 분야에 뛰어든 다른 대학 출신들에게는 다소 밀린다고도 볼 수 있다. 삼성그룹 구조조정본부_{현 미래전략실} 출신의 한 인사는 이렇게 말한다. "출신 대학별로 뭉치는 것을 금기시하고 대리나 과장 승진 때부터 업무 능력과 성과를 중시한다"며 "회사는 시스템에 의해 운영되기 때문에 남과 호흡하는 능력이 뛰어난 사람이 인정받는 경우가 많다"고 말했다.

학생 때 열등생이 사회 우등생이 된 사례와 '고졸신화'는 우리에게 많은 감명과 시사점을 준다. 올해 처음으로 1,000만 영화에 등극한 〈부산행〉의 연상호 감독은 오랜 무명 시절을 거쳐 지금 가장 뜨거운 감독으로 떠올랐다.

연상호 감독은 영화 비전공자로서, 학창시절에는 열등생으로서 애니메이션을 좋아했던 학생이었다. 그는 반에서 거의 꼴찌였다. 담임선생님이 이렇게 말할 정도였다. "네가 만약 대학에 간다면 손에 장을 지지겠다."

그는 초등학교 고학년 때부터 마니아 기질이 있었다. 서울 고속버스 터미널 주변에서 일본 비디오를 복사해 봤다. 『이웃집 토토로』 등 미야자키 하야오의 초기작을 접했고, 성인용 애니메이션의 전설 『우로츠키 동자』, SF 명작 『아키라』도 볼 정도였다. 비디오테이프로 세탁기 박스를 가득 채웠다고 한다. 고등학교 때도 애니메이션을 끼고 살았다.

미야자키 하야오 감독을 보면서 애니메이션 감독을 꿈꾸게 되었고, 그렇게 15년간 애니메이션을 만들었지만, 제작하는 작품마다 빛을 보지 못했다. 그러나 포기하지 않고 무수한 시도 끝에 '돼지의 왕', '사이비', '서울역', '부산행' 등을 만들어 대박이 난 것이다.

최근 정계에 입성한 고졸신화 양향자 씨도 삼성전자에 고졸로 입사하여 상무라는 임원 자리까지 승진한 입지전적인 케이스다. 그녀는 화순에서 중학교를 졸업 후 광주로 유학을 갔다. 그리고 광주여상 졸업 후 삼성전자에 입사했다. 그녀는 이렇게 말한다.

"제가 처음 여상을 졸업하고 아는 것이 아무것도 없는 상태에서 연구원 보조 일을 했잖아요. 카피에서부터 회로가 만들어지는데, 도면으로 드로잉 하는 굉장히 단순한 업무를 시작했었죠. 그때 당시 차장님이 한 분 계셨는데, 그분이 연구원들과 회의할 때 항상 저를 배제하지 않으셨어요. 그럴 때마다 제가 느낀 건, '아, 나도 공부하고 싶다', '나도 저걸 알아야겠다.' 이런 생각. 그분을 시작으로 나머지 선배님들이 한 분씩 맡아가면서 부문별로 가르쳐 주셨어요. 서글프잖아요, 연구원 보조로만 있기엔. 그 당시 일본 기업에서 한창 반도체가 많이 들어왔는데, 저에게는 봐야 할 자료가 넘쳐 난 거예요. 근데 모르잖아요, 저는 까막눈이고, 그 사람들하고 뭔가를 같이 하고 싶었어요. 나도 중요한 일을 하고 싶고, 후배들도 도와주고 싶고… 내가 제대로 안 돼 있으면, 항상 배워야 한다고 생각했었어요.”

18세 말단 직원은 겁도 없이 사내社內 일본어 학습 반에 들어갔다. “고졸인 네가 공부를 할 수 있겠느냐”는 강사의 비아냥거림과 대졸 연구원들 텃세를 견뎌 가며 매일 3시간씩 공부했다. 주말에도 기숙사 밖으로 한 발짝도 나가지 않고 공부했다. 그리고 3개월 만에 가장 먼저 일본어 자격증을 땄다. '일본어를 기가 막히게 하는 여사원이 있다'는 소문이 나면서 연구원들이 번역이 필요한 일본 서적을 들고 찾아오기 시작했다. 기술 자료를 밤새워 번역하다 보니 반도체 설계 업무에 대한 이해는 덤으로 따라왔다. 어느덧 반도체 설계 업무는 어렵지 않게 할 수 있는 일이 됐다.

[출처: 동아일보 2014년 1월 15일]

1995년 사내 대학인 삼성전자기술대학에서 반도체공학 학사 학위를 받았고, 2005년 한국디지털대 인문학 학사, 2008년 성균관대 전기·전자·컴퓨터공학 석사까지 취득했다. 독학으로 일어와 중국어도 습득했다고 한다. 그리고 마침내 '삼성의 별'이라는 임원을 달았다. 지난 5일, 삼성전자 정기 임원 인사에서 상무로 승진한 것이다. 남들보다 1년이나 빠른 '발탁 승진'이었다.

[출처: 조선일보 2014년 1월 14일]

그녀는 본인의 노력과 관심으로 업무를 장악했다. 그리고 업무에 있어, 성공에 필요한 요소가 무엇인가를 정확히 짚었다. 목표를 세우고 실행한 것으로 삼성전자 상무라는 타이틀까지 거머쥐는 성공 스토리를 만들어 냈다.

학생 때 우등생이 왜 사회에서는 우등생이 아닐까? 학생 때에는 자기만 열심히 공부하면 된다. 하지만 사회는 그렇지 않다. 주위 협업과 관계성이 매우 중요하다. "자기가 최고"라는 생각은 절대 통하지 않는다. 본인 콤플렉스를 극복하기 위해 치열하게 노력하는 자세는 사회에서 매우 매력적인 요소다.

성공자에게는 절박함이라는 특별함이 숨어있다. 절박하기에 성공에 대한 갈증과 열망은 더 간절하다. 절박함은 열정과 함께 내면의 생존본능을 깨워주는데, 이것이 성공으로 걸어가는 밑거름이 된다. 당신은 지금 절박한가? 그럼 이미 성공의 문턱에 입문한 셈이다. 절박함 속에 열정이 있다면 그 무엇이든지 불태울 수 있기 때문이다.

나는 스펙보다 태도가 좋다

5

인사를 잘하면
인사고과 잘 받는다

"실장님, 인사 평가를 잘 받으려면 어떻게 하면 될까요?"
"네. 인사를 잘하면 됩니다."

실제 대기업 인사를 총괄하는 인사실장의 말이다. 이는 많은 것을 말해 준다.

"인사고과를 잘 받기 위해서 고작 인사 잘하라고?"
"인사 잘하라는 건 삼척동자도 다 아는 말일 텐데."

하고 반론할 수도 있다. 수많은 자기계발서에 항상 나오는 말이 '인사 잘하기'다. 당연히 아는 상식인데, 왜 이리 강조를 하는 것일까?

성공한 사람은 대개 인사를 잘한다. 미소도 근사하고 목소리도 당당하다. 인사는 노력하면 누구나 잘할 수 있다. 그러나 잘하려 하지 않는다. 쓸데없는 자존심이랄까?

처음 입사해서 사무실과 복도를 쩌렁쩌렁 울리는 목소리로 인사했던 모습이 기억이 난다. 지금도 새벽에 출근해 팀장님들과 중역들에게 인사를 한다. 엘리베이터나 복도에서도 선, 후배, 동료들과 즐겁게 인사를 나누곤 한다.

후배들이 인사하는 모습은 언제 봐도 보기 좋다. 예전 팀에서 해병대 출신 K 대리 모습을 보면 지금도 미소가 절로 난다. 새벽에 출근해서 조용히 업무를 하거나, 독서를 하고 있을 때, 이 정적을 깨는 목소리 주인공은 항상 K 대리였다. 사무실이 마치 떠나갈 듯이, 여기저기 돌아다니며 인사를 하는 모습은 참 보기 좋았다. 깜짝깜짝 놀라기도 했지만, K 대리 모습은 절대로 밉지가 않다. 내심 예전 내 신입사원 때 모습이 오버랩 되어서일까?

억지로 하는 인사는 안 하느니 못하다. 인사는 미소를 머금고, 당당하게 해야 한다. 인사는 크게, 밝은 얼굴로 해야 한다. 또한, 소속 팀장님에게만 인사하는 경우가 많은데, 이건 옳지 않다. 주위에 계신 팀장님, 실장님들에게도 같이 인사를 할 필요가 있다. 인사는 가장 돈 안 들이고 나를 어필할 수 있는 최고의 커뮤니케이션 도구다. 회사에서 승진하기 위해 정치하고, 몸 축내며 술 마시고 그럴 필요가 없다.

인사는 높은 자리에 올라갈수록 더 잘해야 한다. 직위가 올라가고, 본인이 잘 나간다고 생각할수록 몸을 낮춰 인사를 잘해야 한다. 갑의 위치라면 을에게 인사를 더 잘해야 한다. 우리는 가끔 이런 말을 하기도 한다.

"저 사람은 목에 석고붕대를 했나 봐. 왜 저리 뻣뻣해?"
"자리가 사람을 바꾼다 하더니 맞는 말이네. 저렇게도 변하나 봐."

회사에서 권력 집단은 보통 인사나 돈을 만지는 부서에 있다고도 할 수가 있다. 이런 자리에 있는 직원일수록 결재를 받으러 오는 직원들에게 더 깍듯할 필요가 있다.

인사는 상대방에 대한 존중이다. '나는 당신을 존중하고 있으며, 당신과 공존하고 싶다'라는 의지를 전달하는 것이다. 또한, 인사는 상대방과 평화롭게 지내고 싶다는 의지이기도 하다. 서로 공격할 뜻이나 수단이 없음을 상대방에게 확인시켜 주기 위해 시작한 악수의 기원을 보면 그 뜻을 알 수 있다.

'안녕하세요'라는 사소한 한 마디가 큰 의미를 지니고 있다. 대부분 사람에게 인사란 '아랫사람이 윗사람에게 보여주는 예의'로 받아들여진다. 그래서 인사를 하는 것보다 대개 받으려 한다. 특히, 아랫사람이 인사를 안 할 때는 무례하다고 여긴다. 본인도 안 하면서 말이다.

'안녕하세요'라는 인사는 긍정 에너지를 사람들에게 나누어 주는 행위라고도 볼 수 있다. 회사에서 매주 월요일에 '그리팅 데이Greeting Day'라는 소통 이벤트를 했었다. 사내 메신저를 통해서, 타 본부나 국내외 현장에 근무하는 직원들에게 인사하는 것이다.

"좋은 한주 되시기 바랍니다.", "약간은 피곤한 월요일이지만, 힘차게 보내시기 바랍니다. 파이팅!"하며 서로 응원하고 격려해 주는 프로그램이 당시 직원들에게 긍정적인 효과를 주기도 했었다.

김 대리의 경우를 보자.

그는 출근할 때, 엘리베이터 안에서, 화장실에 갈 때도 만나는 사람들에게 밝은 미소로 인사를 건넨다. 심지어 처음 보는 직원들에게도 말이다.

"안녕하십니까?", "잘 지내시죠?"라는 의례적인 인사말은 기본이다.

"얼굴이 좋아 보입니다.",

"더 예뻐지셨네요."

"살이 좀 빠지셨는데요!"

"건강해지신 것 같아요."

"오늘 좋아 보입니다."

이런 말은 그 누가 들어도 참 듣기 좋은 말이다. 그런데 "살이 좀 찌셨네요", "얼굴이 조금 부으셨네요"라는 말을 굳이 할 필요가 있을까?

꼬리에 꼬리를 물어, 김 대리가 사람들에게 하는 인사는 업무와 인

나는 스펙보다 태도가 좋다

간관계에도 플러스로 돌아온다. 부서 협업이나 회의 때에도 마당발인 그는 우위를 점할 수 있다. 또한, 큰 마찰 없이 중재까지 할 수도 있다. 그리고 인사를 자주 하다 보면, 대개 "오늘 점심 같이 할까?"라는 말까지 진행되기도 한다. 그럼 직장 선후배와의 관계도 더 돈독해질 수 있다. 우리 주변에서 실제로 일어나고 있는 일이다.

당장 입가에 미소를 머금고 소리 내어 인사하는 버릇을 갖자. 당장 지금부터 만나는 직원들 모두에게 미소로 인사를 하자. 한 걸음 더 나아가 평소에 인사하는 데 저항감이 들고 그냥 외면하고 싶은 직원, 왠지 마음에 안 드는 상사, 얼굴을 마주하기 불편한 후배에게도 먼저 인사를 해 보자. 당신을 대하는 태도가 달라질 것이다. 때에 따라서, 서로 냉랭했던 사이가 눈 녹듯이 해소될 수도 있다. 인사란, 저항감이 강할수록 과감하게 건네야 한다.

인사고과 잘 받으려면 인사를 잘해야 한다. 인사예절을 지키는 것은 성공의 지름길이기 때문이다.

6

자기 관리에는
왕도王道가 없다

　일류대학교를 나와서 고시에 합격한 분들을 보면 박수를 보내고 싶다. 얼마나 고생이 많았을까? 그런 분 중에서 요직을 거쳐서, 최고 권력기관까지 올라 입신양명立身揚名한 분들은 정말 가문의 영광일 것이다. 그런데 한 번의 잘못으로 그동안의 고생과 명예가 물거품이 된다면 너무 아깝지 않은가? 다시 돌려놓을 수도 없다.

　우리는 이런 사례를 자주 본다. K 前 제주지검장, Y 前 청와대 대변인, B 前 청와대 정책실장, K 前 법무부 차관……. 물론 지금은 뉘우치고 새 삶을 살고 있겠지만, 잃어버린 명예는 찾을 수가 없다. 정치인들

외에도 연예인, 유명 프로야구 선수 중에도 「절제」를 잊고서 부와 명성을 모두 놓친 경우도 많다. KBO 리그가 배출한 첫 메이저리그 타자 K 선수도 한 20대 여성에 대한 성폭행 혐의로 조사를 받고 있다. 단 하나뿐인 진실은 경찰 수사에 의해 밝혀지겠지만, 국내 팬들이 느꼈을 충격과 실망감이 완전히 사그라지는 않을 것이다. 아무리 실력이 출중하다 한들 실력이 잘못된 언행, 부적절한 처신을 눈감아주는 이유가 될수는 없다. 자신의 맹활약에 손뼉 치고, 지난해 큰 부상을 당했을 때자기 일처럼 안타까워한 국민이 이번에 느낄 실망감을 먼저 생각했어야했다. 우리는 그에게 운동만 잘하길 바란 게 아니었기 때문이다. 직장또한 마찬가지다. 잘 나가던 분들이 갑자기 불미스러운 일들로 징계 또는 좌천을 당하는 경우도 허다하다. 학창시절 교과서에도 자기 관리에관한 내용은 없었다. 명문대학교를 졸업해서, 그럴듯한 대기업에 다니고, 요직의 중앙부처 공무원에 있어도 자기 관리에는 왕도王道가 없다.

이 세상에는 관리할 게 참 많다. 건강관리, 시간 관리, 사람 관리, 자식 관리, 재산 관리 등. 그중에서 가장 어려운 관리는 바로 자기 관리다. 자기 관리의 대명사로 꼽히는 야구천재 스즈키 이치로의 예화를들어 보자. 먼저 그의 유명한 명언이 있다. "나는 태어나서 나 자신과의 약속을 어겨본 적이 단 한 번도 없다." 남들과의 약속을 어기면 문제가 생기지만, 자신과의 약속은 어긴다고 해서 누가 뭐라 할 사람도없기에 솔직히 슬쩍 지나가 버리기 마련이다.
스즈키 이치로는 루틴routine의 사나이다. 루틴routine이란, 선수들이최상의 운동 수행을 발휘하는 데 필요한 이상적인 상태를 갖추기 위해

하는 자신만의 동작이나 습관적으로 하는 행동을 말한다. 시즌 중에는 하루에 본인 스케줄을 정해 놓고 정말 규칙적인 생활을 한다고 한다. 아침에는 몸을 가볍게 하려고 항상 카레를 먹고, 매일 체력단련으로 수영한다. 시즌 중에 일절 술, 담배나 과식을 하지 않고, 잠은 적당히 자며 규칙적인 시간을 지킨다. 이치로는 100년이 넘는 메이저리그 역사에서 통산 3,000안타를 기록한 몇 안 되는 선수다. 또한 동양인 최초로 메이저리그 명예의 전당 입성이 거의 확실시 된다. 이런 엄청난 기록은 빼어난 자기 관리와 뼈를 깎는 노력이 있었기에 가능했다.

직장생활 자기 관리 중 간과하기 쉬운 것이 바로 회식자리다. 맨정신에 실수하는 사람은 없다. 하지만 한 잔의 술이 결국 파국을 부른다. 과도한 음주는 자제심을 잃게 하고, 이성理性이 아닌 본성本性을 부른다. 필요치 않은 말을 해서 상사와의 관계를 껄끄럽게 할 수도 있고, 친했던 동기를 잃을 수도 있다. 또한, 부하 여직원과 불미스런 일의 원인도 바로 술이다. 성희롱으로 한번 낙인찍히면 대한민국 사회에서 제대로 살기는 절대 쉽지 않다. 그야말로 주홍글씨다. 이렇듯 술에 대한 절제는 매우 중요하다. 정량을 벗어난 음주는 내가 술을 마시는 게 아니라, 술이 나를 먹는 것이다. 멀쩡하고 젠틀한 직원이 술을 먹고 변하는 모습은 주위 사람을 모두 불쾌하게 한다.

연말 인사철을 앞두고서, 영업본부 내 각 팀장 간의 대화다.

"김 팀장! 영업기획팀 이 차장 어때?"

나는 스펙보다 태도가 좋다

"음, 일은 깔끔하게 잘해, 평판도 좋고 말이야. 그런데 말이야……."

"왜 무슨 문제가 있나?"

"술버릇이 조금 안 좋아서 말이야. 술만 안 먹으면 그렇게 온순한 친구인데, 그놈의 술만 먹으면 사람이 변하니 말이야. 주위에서 당한 직원이 한둘이 아닐세."

"흠. 그럼 어쩔 수가 없네. 아니 우리 팀에 차석 자리가 비어서 말이야. 참 전도유망한 친구인 줄 알았었는데, 다른 직원을 알아봐야겠어."

직원의 평판이란 바로 그렇다. 아무리 일을 잘하고, 똑똑해도 자기 관리를 잘 못 하는 직원에 대한 배려는 가혹할 정도로 없다. 조직생활에서 술버릇은 뜻밖에 중요하다. 특히, 신입사원이 절제하지 못하고 과음을 해서 주사를 부린다면 회사생활 내내 치명적인 약점이 될 수 있다. 평소에 주사가 있다면 술을 마시지 않는 것이 좋다. 그리고 술 취한 사람도 자기보다 더 술 취한 사람이 응석을 부리는 것을 싫어한다는 것을 염두에 두자.

성공하는 사람은 자기 관리를 잘한다. 이미지 관리, 시간 관리는 물론이고, 항상 세상보다 한발 앞서가려고 노력한다. 그러는 와중에서도 빼놓지 않는 것이 건강관리다. 체력의 중요성은 아무리 강조해도 지나치지 않다. 건강이 있어야 성공도 있는 법이다. 건강을 잃고서 성공한들 무슨 의미가 있겠는가? 병든 부자보다는 건강한 거지가 행복하다.

나는 인생의 많은 가치 중 특히 건강에 많은 가치를 둔다. 과거 현대차 러시아 생산법인 주재원 시절에 내 몸은 그리 가볍지 않았다. 달콤

하고 지방이 많은 러시아 음식 특성상 몸의 체지방은 늘어났고, 몸무게 또한 야금야금 불고 있었다. 춥고 일조량이 많지 않은 러시아의 기후로 운동 기회도 거의 없었다. 체력은 떨어졌고, 배도 많이 나왔었다. 지금은 매일 졸린 눈을 비비고 새벽에 나와 회사 헬스클럽에서 아침 운동을 한다. 그리고 일 년에 두 번씩 마라톤 하프Half 코스를 완주한다. 나이보다 더 어려 보이고, 매력적인 모습으로 다가서려는 이유다.

몸이 쇠약해지면 세상만사가 귀찮고 자꾸만 비관적인 생각이 든다. 정신이 몸을 지배하는 것이 아니라, 몸이 정신을 지배한다. 몸이 건강해지면 무한한 자신감과 긍정적인 에너지가 넘친다. 처자식이 있고, 봉양해야 할 양가 부모님이 있는 나는 이제 나만의 몸이 아니다. 아프면 나만 손해로 끝나는 게 아니다. 가족은 건강하게 옆에 있어 주는 가장을 원한다.

가족을 사랑하고, 성공하려 한다면 내 몸부터 사랑하자.

좋은 것을 많이 갖기보다 중요한 건 절제하는 힘을 갖는 것이다. 자기 관리의 핵심은 바로 절제다. 무엇보다도, 철저한 자기 관리와 절제는 성공에 대한 확신을 가져다준다. 우리는 '절제'의 미학을 알아야 한다.

국제축구연맹FIFA이 발간한 '세계축구기록 2010'에 따르면 축구 스타 차범근은 독일 분데스리가에서 활동하던 시절 308경기에 출전해 98골을 넣었다. 분데스리가에서 활약하던 외국인 선수 중 그야말로 최고 기록이다. 그런데 골보다 더 놀라운 것은 그가 1978년부터 은퇴를 선언한 1989년까지 경고를 딱 한 번만 받았다는 사실이다. 세계에서 가장

나는 스펙보다 태도가 좋다

거친 리그에서 겨우 한 번의 경고만 받으며 선수생활을 했다는 건 사실상 불가능한 일에 가깝다. 국제축구연맹은 '20세기 아시아의 선수'로 차범근을 선정하며 "그는 탁월한 실력을 지녔으며, 경기규칙을 엄격하게 지키는 '자기 절제'가 있었다"고 밝혔다.

구약에 등장하는 삼손은 특별한 힘을 가졌지만, 절제가 부족했기에 힘을 잃고 비참한 신세가 됐다. 절제는 곧 성공 키워드다. 일본의 사상가 미즈노 남보쿠는 저작『절제의 성공학』에서 '절제는 인생을 만들어 가는 도구'라고 적기도 했다.

우리는 그동안 참 열심히 살아왔다. 많은 시행착오와 시련도 있었고, 보람찬 성공도 있었다. 이렇게 열심히 살아온 나 자신에게 박수를 쳐주자. 그러나 앞으로 더 열심히 살아야 한다. 부양할 처자식이 있고, 직장생활도 앞으로 창창하게 남았다. 한순간의 실수와 자기 관리 부족으로 그동안 쌓아 온 인생의 모든 것을 송두리째 날리지 말아야 한다.

7

회사에서
잘 나가는 사람들의 특징

회사생활을 하면서 많은 사람을 봐왔다. 갑작스러운 권고사직을 당한 경우도 있고, 명퇴로 인해 집에 가는 분도 있었다. 잘 나가다가 한직으로 물러나는 분도 있고, 일은 잘하지만, 승진이 계속 안 되는 분도 있었다.

그러나 회사가 붙잡는 직원도 많았다. 구조조정에서 살아남고 승진해서 임원이 되는 분도 있었다. 고액 연봉을 받으면서 좋은 보직을 받는 분도 있었다. 또한, 조직의 해결사가 되어 쭉쭉 잘 나가는 분도 있었다.

나는 스펙보다 태도가 좋다

여러 상사를 모시면서 그분들이 성장하는 모습들을 관찰할 수 있었고, 신기하게도 몇 가지 공통점을 발견할 수 있었다.

첫째는, 인덕이다. 그 사람에게는 신기하게도 사람들이 모여든다. 특별히 목적의식을 갖고 사람을 모으는 것도 아닌데 항상 사람들이 모여 있다. 그분이 가는 술자리에는 항상 여러 후배 직원들이 따른다. 선수는 선수를 알아보고, 프로는 프로를 알아보듯이, 유능한 인재, 직장에 필요한 인재는 주변에 사람들이 많이 모인다.

현대자동차에 있을 때 만났던 K 팀장님은 지금도 현역으로 중국 현지에서 전무로 지내고 계신다. 그분은 팀장 자리에서 현장의 어려움을 많이 해결해 주셨다. 신차가 나와서 공급 부족에 시달릴 때, 현장 직원들이 그분에게 부탁을 많이 했었다. K 팀장님은 해 줄 수 있는 범위 내에서 최대한 많은 도움을 주려고 했고, 그런 마음이 인지상정으로 현장에 있는 직원들에게도 전해진 것이다.

둘째는, 매우 실천적이다. 즉, 무엇인가를 만들어 낸다. 말만 앞서고, 지적질만 하지 않는다. 상대방 문제를 지적하는 데 시간을 보내지 않고, 대안을 제시하고, 해법을 제시한다. 팀원들이 가서 문제를 물어보면, 대개 어렵고 난처한 것이 많다. 그래도 본인이 책임을 지며 조직 현안을 해결하고, 새로운 것을 기획할 줄 안다.

회사는 평론가를 좋아하지 않는다. 매사에 이것이 문제고 저것이 틀렸다고 말만 앞세울 뿐, 실제 일을 하는 것은 그들의 비평 대상이 되는 다른 사람들이다. 남들은 사생결단으로 열심히 하는데, 뒷짐 지고 돌아다니며 훈수만 두려는 사람은 기업에서 환영받을 수 없다.

그분 책상에는 절대 보고서가 쌓이지 않는다. 현안이 있으면, 마치 독일 병정처럼 즉시 해결해 준다. 본인이 해결하지 못하면, 실장님, 본부장님에게 보고해서 결국 해결해 주고야 만다. 팀원 입장에서는 아주 큰 그늘이자, 엄청난 방패막이다.

지금 모시고 있는 팀장님도 그렇다. 현안 해결이 거의 실시간 수준이다. 메일이나 결재를 올리면, 바로바로 해결해 주신다. 팀원 입장에서는 팀장 보고가 끝나야 다음 단계를 나아갈 수 있기에, 실천적이고 빠른 문제 해결은 직원들이 마치 천군만마를 얻은 것과 같다.

셋째는, 항상 주위 사람들을 기분 좋게 해 준다. 왠지 그분과 같이 있으면 즐겁다. 왠지 그분만 보고 있어도 웃음이 절로 나온다. 회사생활을 하면 웃을 일보다 안 웃을 일이 더 많다. 하지만 이런 분위기를 바꾸는 분위기 메이커는 성공하는 사람들 모습이기도 하다.

우리 회사 K 법무실장이 바로 그렇다. 그분은 명문대 법대를 나오셨지만, 늘 난 운동 특기생으로 들어갔다고 말씀을 하시며, 부하 직원들과 스스럼없이 소통하신다. 물론 직속상관이 아닌 간접적인 입장이라 이런 말을 할 수도 있겠지만, 그분을 보면 항상 즐겁고 힘이 난다. 그분은 지치지 않는 에너지를 가지고 있다. 사무실에 앉아 있기보다, 유관부서를 휘저으며 현안을 해결하신다. 매일 아침에 소속 본부장님께 보고를 마치고 일과를 시작하신다. 걸음걸이도 힘차고 당당하시다. 그런 지치지 않는 에너지와 태도는 주위 사람들을 기분 좋게 해 준다.

나는 스펙보다 태도가 좋다

넷째는 회식을 주도하는 능력이다. 물론 회식이 업무를 진행하는 자리는 아니다. 밥 먹고, 술 먹고, 농담을 주고받기도 하고, 웃고 떠드는 자리다. 그런데 회식은 업무의 연장이기도 하다. 같이 밥 먹고 술잔을 기울이며 공통 화제를 만들어 내고 정서적 교감을 나누게 된다. 긴 시간은 아니지만, 한 장소에서 집중적으로 동료들과 서로 끈끈한 유대관계를 이어갈 수 있는 이 자리는 직장인에게 매우 중요한 자리다.

회사에서 잘 나가는 사람들의 공통점이 바로 이런 회식자리를 주도하고, 전략적으로 잘 활용한다는 것이다. 그러면 회사 돌아가는 사정에 매우 밝을 수 있게 된다. 낮 동안에만 충실하게 일한다면 웬만해서는 조직의 중심으로 진입할 수 없다.

건배 제의 능력 또한 우수하다. 그분들의 건배 제의는 매우 힘차고, 긍정적이다. 그리고 그런 건배 제의를 후배 직원들에게 꾸준히 제안하면서, 회식을 유쾌하고 재미있게 조율하는 능력을 발휘하기도 한다. 그리고 회식자리에서 큰 목소리로 분위기를 이끈다. 주위를 둘러보라. 회사에서 중역을 달고 계시는 분 중에서 자신감 없고, 모기 목소리처럼 조용하게 얘기하는 분은 없다. 성공한 분들은 늘 당당하고 자신감에 넘친다. 그 자신감은 강한 추진력으로 발휘한다.

다섯째는 역시 실력이다. 누구도 해결하지 못하는 상황에서 핵심을 짚어주고, 대안을 제시해 준다. 보고해도 원론적인 말로만 피드백해 주는 게 아닌, 구체적인 실행 방법과 해결책을 던져준다. 실력이 없어서는 사내 정치란 애당초 불가능하다. 일을 제대로 못 하는 사람이라면 사내정치를 잘할 수 있는 환경이 조성되지 않고, 핵심집단에서도 환영

받지 못한다.

스탠포드 대학교 해럴드 리빗 교수와 피터 드러커 경영연구센터 진 블루먼 교수는 기업 내 '핵심집단'에 관한 연구를 통해 그들의 특성을 밝혔다. 연구 보고서에는 그들은 공식적인 업무는 물론이고 먹고 마시고 자는 일조차도 업무 일부분으로 여길 정도로 회사를 열심히 하는 사람들이다. 그런 이들끼리 비공식 네트워크가 형성되면 그 힘이 커지다 못해 때로는 경영자가 통제할 수 없을 정도가 되기도 한다.

물론 사내정치란 결코 권장할 사항은 아니다. 하지만 뛰어난 능력을 지닌 리더 주변에 역시 우수한 인재들이 몰리고 그들이 크게 활약하여 회사 발전을 이끄는 선순환의 구조는 바람직한 현상이라고도 할 수 있겠다.

회사에서 잘 나가는 사람들 특징을 종합해 보면, 결국 소통 능력과 좋은 품성으로 귀결된다. 관계성과 소통 능력, 그리고 인품은 후배 사원들에게 좋은 귀감이 되고, 결국 사람이 많이 따르는 이유가 된다. 이렇게 회사에서 붙잡는 사람들, 성공하는 사람들, 그들의 특징을 잘 분석하고 벤치마킹할 필요가 있다. 결국 성공하는 사람들에게는 뭔가 이유가 있다.

나는 스펙보다 태도가 좋다

8

호감 가는
직장인은 성공을 부른다

직장인 약 90%가 외모 역시 직장인의 경쟁력이라 생각하고 있는 것으로 나타났다. 취업포털 잡코리아가 남녀 직장인 1,769명을 대상으로 조사한 결과로는 61.3%가 '호감 가는 외모가 직장생활에서 약간의 경쟁력이 될 수 있다'고 답했다. 또 26.6%는 '매우 큰 경쟁력이 될 수 있다'고 말하는 등 직장인 10명 중 9명꼴로 외모가 직장생활에서 경쟁력이 된다는 반응을 보였다. 보통이다9.4%, 별로 경쟁력이 될 수 없다1.8%, 전혀 경쟁력이 될 수 없다0.8% 등의 답변은 미미한 수준에 그쳤다.

외모의 영향력을 판단하는 데 남녀의 온도 차도 보였다. 남성은 60.7%가 '외모로 약간의 경쟁력을 가질 수 있다'고 말했지만, 여성의 경우 44.5%가 '매우 큰 경쟁력이 될 수 있다'라고 말했다. '매우 큰 경쟁력이 될 수 있다'고 답한 남성 직장인은 14.5%에 그쳤다. 남성보다 여성이 직장생활에서 외모를 더 중요한 요소로 보고 있다는 의미다.

직장인들은 외모가 대인관계나 승진 등에 긍정적인 영향을 끼친다고 생각했다. '직장생활에서 외모가 뛰어난 사람이 승진도 빠르다'는 질문에 41.3%가 '그렇다'는 반응을 보였고, '그렇지 않다'는 답변은 24.6%에 그쳤다. 대인관계에서도 절반에 가까운 49.5%가 '외모가 뛰어난 사람이 대인관계도 좋은 편'이라고 말했다.

반면 '외모가 뛰어난 사람이 일도 잘하는 편이다'라는 질문에 대해선 '그렇다'는 반응이 23.6%로 '그렇지 않다36.5%'보다 낮았다.

[출처: 헤럴드 경제 기사, 2011년 2월 7일]

물론 호감 가는 스타일이 수려한 외모를 뜻하는 것만은 아니다. 예전에는 모범생 스타일이 인기였다면, 요즈음은 일도 잘하면서 호감 가는 인상을 주는 사람이 인기가 많다. 모든 인간관계 핵심은 서로 간에 좋은 감정이 있는가에 달려 있다. 인생을 성공적으로 살기 위해서는 다른 사람으로부터 호감과 신뢰를 받아야만 한다. 따라서 우선 남에게 좋은 첫인상을 주어야 한다.

최근 미국 프린스턴대학교 심리학 연구팀은 200명을 대상으로 타인 얼굴을 보고 그의 매력이나 호감도, 그리고 신뢰도 등에 관한 판단을 하는 데 드는 시간이 불과 0.1초라는 연구결과를 내놨다. 단 1초도 안 되는 시간에 당신 첫인상이 결정되는 것이다.

아주 오랜만에 만난 지인 얼굴을 보면 그동안 못 만났던 세월의 그림자를 느낄 수 있다. 나이가 들었다고 인상이 나쁘게 변하는 것은 아니다. 오히려 몇 년 전보다 현재 모습이 훨씬 더 밝고 생동감 있게 젊게 바뀌었을 수도 있다.

'사람의 뒷모습에는 지난날이 배어 있고, 얼굴에는 현재가 서려 있다'는 말이 있다. 얼굴은 마음을 투영하며, 영혼의 상태를 나타낸다. 표정은 가릴 수 있지만, 인상은 완전히 감출 수가 없다. 그 순간을 감출 수는 있어도, 결국 오래가지 못한다.

사회적으로 성공한 사람들 가운데 얼굴에 후광이 비치는 듯한 사람이 간혹 있다. 값비싼 피부 마사지와 화장으로 후광을 갖게 되었을까? 화장으로 얼굴을 꾸미더라도 인상은 온전히 감출 수가 없으며 결국 드러나게 마련이다. 여유로움과 긍정적인 사고를 갖췄기에 밝고 맑은 빛을 발하는 인상을 주게 된 것이다. 겉만 다듬는 데 공을 들인 얼굴은 결국 사람들 눈길을 오랫동안 끌지 못한다. 겉에서 꾸민 얼굴과 속에서 우러난 얼굴은 금방 구별되기 때문이다.

사람 얼굴은 열 번 변한다고 한다. 이는 마음속 상태에 따라 얼굴이 그려지기 때문이다. 밝은 얼굴이 흐려질 수 있고, 탁한 얼굴이 맑아질 수 있다.

회사에서 신입사원들이 오면 난 그들 인상과 태도를 유심히 관찰하곤 한다. 대체로 두 가지 유형이 있다. A라는 신입사원은 업무 습득에 전념한 나머지, 항상 얼굴을 찌푸리며 일을 하곤 한다. 안타까운 유형이다. 처음부터 주어진 업무가 쉬울 수는 없다. 주위 선배 사원들 모두 신입사원이 일을 잘하는 것을 크게 기대하지 않는다.

　B라는 신입사원은 항상 미소를 머금고, 주위 사람들에게 많은 관심을 보인다. 설령 꾸중을 들어도 오히려 넉살스럽게 받아들이며, 더욱 열심히 매진한다. 나는 이런 유형이 좋다. 신입사원은 미소와 인사만 잘해도 반은 먹고 들어간다고 난 장담한다. 인사人事가 만사萬事라면, 미소는 인사의 꽃이기 때문이다. 성공하려면 모름지기 인사와 미소에 능해야 한다.

“왜 내 팀장님은 왜 마음을 몰라주는 것일까?”
“본부장님께 결재받기가 이렇게 어려워서야. 나 원 참.”
“나는 왜 후배 사원들한테 인기가 없을까?”

　직장인들이라면 누구나 이런 고민을 해봤으리라. 직장에서 인간관계는 그 어떤 것보다 훨씬 복잡하고 어렵다. 그래서 한번 꼬여 버리면, 다시 원복시키기가 쉽지 않다. 그런데 이런 문제를 해결할 수 있는 가장 효율적인 방법이 바로 자기 자신을 조금씩 변화시키는 것이다. 스스로 ‘호감 가는 사람’이 되면 이런 어려운 문제도 쉽게 해결할 수 있다.

그렇다면 호감 가는 직장인이 되려면 어떡해야 할까?

　첫째, 상대방을 칭찬해 주고 치켜세워주자. 회사에서 제일 얄밉고

정떨어지는 사람이 바로 자기 잘난 맛에 사는 사람이다. 아무리 일을 잘하고, 능력이 있어도 주위 사람들에게 인정받기가 쉽지 않다. 그래서 상대방에게 먼저 인사해 주고, 누구에게든 정중하게 대해야 한다. 주로 말하기보다는 경청을 통해서 상대방 관심을 이끌어야 한다. 그래서 남의 말을 중간에 끊거나, 본인 말이 더 앞서면 안 된다.

둘째, 에너지가 느껴지는 사람이 되자. 통통 뛰며 활기찬 에너지를 발산해 주변 사람 기분이 좋아지게 만드는 사람이 있다. 반면에 늘 축 늘어져 있는 듯한 인상으로 주변 분위기까지 가라앉게 하는 사람도 있다. 에너지가 느껴지는 사람은 회식자리에서도 그 상황을 이끌며, 분위기를 만든다. 주변 사람의 좋은 모습에 칭찬도 할 줄 알고, 후배에게는 따뜻한 위로도 건넬 줄 알아야 한다. 늘 적극적이고 능동적으로 행동이 습관화되면, 자신도 모르는 사이에 에너지가 발산되고, 이 기운은 오롯이 주위 사람들에게 전달된다.

셋째, 부탁받은 것에 적절히 응대하자. 인생은 수많은 부탁과 거절의 연속 선상에 놓여있다. 직장생활 또한 그렇다. 부탁받고 응답하는 것이 어떠하냐에 따라 그 사람 평판이 좌우된다.

현대자동차 계출운영팀에 있을 때, 수많은 전화통화와 이메일 등을 받았다. 바로 긴급 출고를 요청하는 내용이었다. 다들 차를 계약하면 빨리 받고 싶어 하기에 이런 요청은 어쩌면 당연할 수도 있다. 하지만 원칙상 먼저 계약한 사람이 먼저 출고를 해야 한다. 모든 지점 및 대리점에서 전산시스템을 통해 본인 출고 순서를 알 수 있기 때문에, 이것은 항상 딜레마였다. 나는 두 가지 원칙이 있었다. 요청에 대해서 가능한 한 빨리 응답해 주는 것, 그리고 거절할 때에는 반드시 대안을 제시하려고 했다는 것이다. 그냥 권위를 이용해서 무조건 안 된다고 하는 것도 문제고, 된다고 해 놓고서 늑장 부리며 더디게 해 주어도 요청한 사람 애간장만 태우게 된다.

성공한 사람 대부분은 좋은 인상과 폭넓은 대인관계를 가지고 있다. 후천적으로 만든 좋은 인상이 강점이 되어 많은 인맥을 만들고, 그 인맥으로 자신의 성공을 디자인할 수 있다. 좋은 인상과 이미지는 성공의 기회로 이어진다. 많은 사람에게 좋은 이미지를 남겨 놓는다면 그 가운데 누군가가 당신에게 기회를 제공할 것이다. 호감 가는 직장인은 결국 성공을 부른다.

9

중요한 것은
고도altitude가 아니라 태도attitude다

삶은 속도가 아니라 방향이다. 살아가면서 더 확신하게 된다, 빨리 가는 사람보다 묵묵히 나아가는 삶이 더 무섭다는 것을. 난 재수를 했다. 학력고사 마지막 세대이자, 수능 첫 세대다. 그땐 1년 늦춰지는 게 왜 그리 싫었는지. 고등학생도 아니고, 대학생도 아닌 주변인으로서 사는 게 버거웠다. 지금 생각해 보면, 그때 1년은 기나긴 인생에서 단지 찰나인 듯하다. 새 총을 멀리 날기 위해서 더 뒤로 많이 당겨야 하듯이, 인생을 위한 담금질의 순간은 그 자체만으로도 가치가 있다.

나는 등산을 좋아한다. 지금껏 여러 번 지리산을 종주했고 설악산 등 백두대간의 많은 산을 종주했다. 등산을 좋아하는 이유는 정상을 정복하는 데 있기보다, 한 발자국 한 발자국 앞으로 나아가 올라가는 재미에 있다. 그러다가 쉬기도 하면서 결국 정상에 올라간다. 물론 정상을 밟기 위해 올라가는 과정은 매우 힘들다. 깔딱 고개에서는 숨이 끊어질 듯하고, 배낭 무게는 마치 군장처럼 무겁다. 하지만 드디어 정상에 오르는 순간, 그 쾌감은 말로 표현할 수 없다.

　인생 또한 그렇다. 정상에 빨리 올라가고 성공하는 것도 중요하지만, 그 과정이 더 중요하다. 진정성 있게, 성실하게 정진한다면 어느 순간 부와 성공은 다가오게 되어있다. 하지만 많은 사람이 부와 인기에 영합해서 빨리 정상에 오르려고 한다. 그러다 보면 몸에 힘이 들어갈 수밖에 없다. 규칙이 아닌 변칙이 앞서게 되고, 진정성보다는 가식이 우선된다.

　직장생활에서도 묵묵히 하는 사람들이 환영을 더 받았으면 한다. 어떻게든 윗사람들에게 잘 보이려고 정치만 하려는 사람들은 결국 오래 못 간다. 설사 줄을 잘 서서 한 자리를 차지한다고 해도 결국 디딤돌이 약해 무너지고 만다. 그러나 아랫사람과 동료들로부터 인정받으며 차곡차곡 올라가면 그 자리와 위치는 분명하다. 디딤돌이 잘 버텨주기 때문이다.

　몇 년 전 개봉한 영화 '에베레스트'는 히말라야 14좌 중에서도 가장 높은 에베레스트8,848m로 관객을 데려간다. 이 설산雪山은 한 발 한 발이 무덤과 정상 사이에 걸쳐 있다. '그는 그렇게 山이 되었다'고 소설가 박

범신은 썼다.

> "고산 등반가들에게는 한 발 한 발이 모두 무덤과 정상 사이에 걸쳐 있
> 으므로, 그곳에서 그들은 지각이 더 맑아지고 마침내 전혀 새로운 생의
> 비전을 연다. 일상에서 빠져나오는 게 거의 불가능한 현대인에게는 감히
> 상상조차 할 수 없는 비전이다."

고산 등반가들에게 한 발 한 발은 그야말로 삶과 죽음의 사투死鬪
다. 이 영화는 빙괴氷塊를 맞아 미끄러지고, 아득한 크레바스를 사다리
로 건너고, 고산병 증상이 나타나는 것을 매우 사실적으로 표현한다.
마침내 정상 정복 시간에 극한의 고통이 스크린 밖까지 밀려온다. 믿을
것이라곤 로프와 산소통과 동료뿐이지만, 난코스를 만나 결국 낙오자
가 생긴다. 조난된 이들은 눈에 묻히면서 산이 되어간다. 체력이 바닥
이 나고 폭풍 속에서 고립된 주인공과 그 아내의 대화는 매우 기억에
남는다. 극한의 삶 속에서 둘의 사랑과 위로, 격려의 말은 매우 인상적
이다. "중요한 건 고도가 아니라 태도Your attitude determines your altitude"라는
말이 아직도 나를 사로잡는다.

최근 예능 대세인 김영철 씨도 스토리가 있는 개그맨이다. 그는
1999년 KBS 개그맨으로 데뷔하자, "미안합니다. 몸이 아파서"라는 전
장관 부인 흉내로 단숨에 대중의 사랑을 받았다. 그때부터 가수 하춘
화 씨 등의 성대모사가 주특기가 됐다.

그리고 영어 잘하는 개그맨으로도 유명하다. 담당 피디 권유로 캐나다에서 열린 코미디 페스티벌에 참석했다가 유머를 전혀 이해 못 하는 자신을 발견하고 영어의 필요성을 느끼게 됐다고 한다. 그때부터 매일 영어학원을 새벽반에 다녔지만, 그리 큰 효과는 없었다.

그러던 어느 날, 김영철 씨는 〈오프라 윈프리 쇼〉를 봤다고 한다. 게스트는 미국 시인 마야 안젤루로, 그녀는 토니 모리슨, 오프라 윈프리와 함께 가장 영향력 있는 흑인 여성 중 한 명이다. 김영철은 그녀 한마디에 깊은 인상을 받는다. **"무언가 싫다면 바꾸세요. 그럴 수 없다면 당신 태도를 바꾸세요. 투덜대지 마시고요."**

그는 영어공부에 지칠 때 듣게 된 이 한마디가 영어 울렁증을 극복하는 데 큰 힘이 됐다고 한다. 그는 "영어는 외국어라서 못하는 게 당연하다. 발음이 안 좋아도 일단 말하고, 궁금하면 물어보자"고 다짐했다. 이후론 뻔뻔함이 배움의 자세라는 자신만의 철학으로 남 눈치 보지 않고 공부를 했다. 그 결과 그는 영어 교수라는 직함이 생길 정도로 실력이 일취월장했다. 그리고 남을 웃기거나 말할 때, 질문할 때 주저하는 버릇이 없어졌다고 한다.

그는 결국 이런 실수에 대한 두려움을 버리는 것을 개그로까지 연계해서 지금의 예능 대세가 된 것이다. 질문하는 데는 상당한 용기가 필요하다. "질문할까, 말까?, 망신당하지나 않을까?" 하는 창피한 감정을 버리고, 당당히 실행해 보자.

인생은 마라톤과 매우 흡사하다. 50회 이상 하프 및 풀코스 완주 기록이 있는 나는 마라톤의 매력을 인생에 대한 비유에서 찾곤 한다.

나 같은 아마추어들에게 마라톤 도전은 기록 단축이 아니라, 완주다. 자기와의 싸움에서 이기는 것이다. 마라톤을 뛰다 보면 포기하고 싶고, 때로는 다리 밑으로 몸을 던지고 싶은 충동이 생긴다. 그런 단계를 거치면 언제부턴가 숨쉬기가 고통스럽다든가 하는 괴로움이 사라진다. 바로 몸이 붕 하고 뜨는 듯하면서 하늘이라도 오를 듯한 그 쾌감! 몸이 가벼워지고 머리가 맑아지면서 경쾌한 느낌이 든다. 이를 '러너스 하이Runner's high 혹은 러닝 하이Running high'라고 한다. 그 단계를 거치면, 마의 30km 구간이 다가온다. 이때는 그야말로 자신과의 싸움이다. 그저 앞사람 발만 보고 뛰는 것이다. 이때 포기하는 분들도 많이 생긴다.

마라톤 초보자들은 처음에 냅다 뛰어버린다. 마음은 완주인데, 몸은 초보다. 그러다가 초반에 오버 페이스를 하고, 결국 나머지 거리를 다 걸어서 완주한다. 그러나 여러 번 뛴 경험이 있는 자들은 철저히 계산한다. 내 몸 상태를 계산해서 에너지를 분산시킨다. 마라톤은 인생의 태도와 습관을 그대로 반영한다. 너무 빨리 가려다가 오버 페이스를 해서 그날 마라톤을 포기하기도 한다. 또 허기져서 중간중간에 놓인 물과 초코파이를 허겁지겁 먹다 보면, 몸이 퍼져 천근만근이다. 무거워진 다리로 인해 결국 레이스를 포기하게 된다. 과도한 욕심이 부른 결과다. 프로 마라토너들은 자기 몸이 허락한다면 구간별로 놓인 물도 잘 안 마시려 한다. 그저 물을 홀짝이며 입맛만 다신다. 그런 철저한 자기 관리와 태도 속에서 결국 마라톤 완주라는 선물이 성큼 다가온다.

우리는 생활에서 속도를 중시한다. 인터넷 사이트를 클릭하고, 3초가 지나면 다른 인터넷 사이트를 뒤적인다. 중국집에 자장면을 시키고 30분이 지나도 안 오면 독촉전화를 돌린다. 무엇이 우리를 이렇게 급하고 바쁘게 하는 것일까? 다른 사람들보다도 빠르게 움직이려는 경쟁 심리가 작용하기 때문이다.

우리는 삶에서 결국 중요한 것이 무엇인가에 대한 진지한 고민과 성찰 없이 그저 주어진 시간을 바쁘게 생활한다. 그런 생활 속에서 어려움을 만나면, 금세 지치고 만다.

리우 올림픽에서 골프 금메달을 딴 박인비는 18번 홀까지 도는 내내 무표정이었다. 1번 홀부터 마지막 66번째 퍼트에 성공할 때까지 흐트러짐은 단 한 번도 없었다. 하지만 딱 한 번 숨기지 못한 순간이 있었다. 금메달을 확정 짓는 마지막 퍼트 후 박인비는 양팔을 번쩍 들여 딱 한 번 승리 세리머니를 했다. 그야말로 '돌부처 멘탈'이다.

인생에서 일희일비-喜-悲하지 말자. 직장생활 또한 그렇다. 삶은 속도가 아니라 방향이다. 인생은 고도altitude가 아니라, 결국 태도attitude다. 무소의 뿔처럼 천천히, 그러나 멈추지 말고 끝까지 가자! 인생이 나를 부른다!

나는 스펙보다 태도가 좋다

Your attitude determines
your altitude

쿨한 대리, 멋진 부장 되는 비결

나는
태도로 승부
한다

I Than spec Have a
good attitude

1

내가 새벽
5시에 일어나는 이유

직장 4년 차 김 대리는 오늘도 지각이다. 죄인처럼 머리를 숙이며 들어온다. 아직도 눈은 충혈된 채 그대로이고, 속이 쓰린 듯 배를 연신 쓰다듬고 있다. 그에게 동료들의 아침 인사가 들려온다.

"김 대리, 어제 달렸나 봐."

"어디 좋은 데 갔어?"

"……"

출근 시간에 거의 맞춰 제자리에 앉는다. 잠시 후 팀장님 호출이 있다. 이 부장은 어제 지시한 보고서 확인을 한다.

"어제 지시한 보고서는 어떻게 됐지?"

그때 김 대리는 이 부장 질문에 대답이 없다.

"김 대리는 왜 꿀 먹은 벙어리야?"

"그게 저 어젯밤에 사정이 있어서…."

"쯧쯧, 몰골하고는, 도대체 어제 몇 시까지 마신 거야?"

김 대리는 어디 숨고 싶었다. 이 팀장 말이 계속 되뇌어진다.

'깎지 않은 수염, 밤늦게까지 마신 술로 까칠해진 피부, 초점 없는 충혈된 눈, 쓰린 속, 헝클어진 머리카락…….'

문득 이런 회의감이 든다.

내 인생은 왜 꼬일까?

어쩌면 위 이야기는 동시대를 살아가는 우리 이야기일지도 모른다.

일찍 출근하는 것만큼 좋은 것이 또 있을까? 혼잡한 러시아워를 피할 수 있고, 업무를 신속히 마무리할 수 있어 좋다. 자기계발에도 좋고, 상사에게 점수도 따니 이보다 더 좋을 수 없다. 다음 날 일찍 출근해야 하니, 하이에나처럼 밤거리를 배회할 수도 없다. 집에서는 아내도 좋아하고, 아이들도 대환영이다. 일찍 출근하는 것은 이처럼 좋은 점이 많다.

현대자동차에서 현대건설로의 이동, 그룹사 간 전출이지만 회사 이동은 나에게 큰 변화였다. 현대자동차에서도 일찍 출근하는 편이었지만, 회사를 옮기고 나서 내 출근 시간은 더 빨라졌다. 이유는 더 빨리, 더 잘 적응하고 싶어서였다. 매일 새벽 5시에 일어나 5시 30분에 집을 나섰다. 그리고 제일 늦게 퇴근하고, 가끔 주말에도 나와서 일을 했

나는 스펙보다 태도가 좋다

다. 딱 100일간은 모든 것을 쏟아부었다. 일명「전입 신병 100일 작전」이다. 하루 일과는 이렇게 시작된다. 늦어도 아침 6시 30분까지는 회사에 도착한다. 곧바로 컴퓨터를 켠다. 이른 아침을 깨우는 모닝커피는 더욱 향긋하다. 그리고 인사를 한다. 본부장님, 실장님, 팀장님들께. 본부장님 실에 들어가서 아침 인사를 하고 나오면 하루가 뿌듯해진다. 그렇게 오늘 하루도 힘차게 시작된다.

직장에서 성실성의 척도는 바로 근태다. 대기업에서 직원들 실력은 고만고만하다. 다들 치열한 경쟁을 뚫고 입사를 했으니, 스펙과 실력은 최고라 할 수 있겠다. 결국 태도와 마인드에서 결정된다. 만약, 성실성을 우선으로 꼽는 분이 직장상사로 있다면, 일명「전입 신병 100일 작전」을 해 보자. 딱, 100일간만 제일 일찍 출근하고, 제일 늦게 퇴근해 보자. 100일 작전을 성공리에 마쳤다면, 그 이후부터는 만사형통萬事亨通이다. 큰 대과大過만 없다면 말이다. 팀장과 나 사이에 신뢰가 쌓였기 때문이다. 내가 아주 작은 실수를 했어도, 융통성 있게 넘어갈 수 있다. 부득이하게 지각해도 직속상사는 어느 정도 이해한다. "아마, 이유가 있을 거야. 외근을 갔다 오는 거겠지!", "어제 늦게까지 야근하더니 많이 피곤했을 거야"라고 말이다.「전입 신병 100일 작전」의 가장 큰 효과는 신뢰구축이다. 직장생활에서 가장 중요한 것은 신뢰다.

내가 매일 일찍 출근해서 본부장실에 들어가 아침 인사를 계속 드렸더니 본부장님도 처음에는 놀란 기색이었다. 대부분 직원이 출근 후 바로 앞자리에 앉아 있는 임원 또는 팀장들에게만 인사를 하기 때문이다. 몇 달 후 본부장님께서 "김 차장은 내가 일찍 출근하는지 매일 감시하는 것 같아" 하시면서 농담을 건네셨다. 말씀은 그렇게 하셨지만, 썩 기분 나쁜 표정은 아니었던 것으로 기억이 난다. 아침 인사를 열심히 하는 부하 직원이 밉거나 불편할 이유가 없다.

신입사원에게 하고 싶은 말이 있다면, 바로 "일찍 출근하라!"다. 신입사원에게 고도의 업무 능력을 바라는 상사는 아무도 없다. 조직에 잘 적응하고, 신선함과 활력을 주면 그만이다. 그러기 위해서 일찍 출근하는 것이 제일 중요하다. 그것만으로도 80점은 따고 들어가는 셈이다. 앞서도 언급했듯이 해병대 의장대 출신 신입사원이 우리 팀에 들어왔었다. 키도 크고, 잘 생긴 매력적인 사원이었다. 이른 아침에 사무실 정적을 깨는 우렁찬 인사 모습은 매우 인상적이었다. 조용히 독서를 하거나, 자판기 두들기는 소리만 들리는 사무실 새벽 시간을 깨는 역동적인 모습을 보면 나도 빙그레 미소가 나온다. "나도 신입사원 때 그랬었는데……" 예전 내 모습과 오버랩 되는 장면이 흐뭇하기만 하다. 지금 그 신입사원은 대리로서 회사 평판도 좋고, 일도 잘하는 친구로 자리매김했다.

아침에 일찍 출근하는 것은 성공으로 가는 돈 안 드는 지름길이다. 그렇다면 이른 아침에 출근하기 위해서 어떤 준비를 해야 할까? 3가지 팁을 제시해 보겠다.

첫 번째, 몸과 마음의 습관을 갖는 일이다. 자기만의 루틴을 갖자.

정해진 시간에 알람이 울리면 바로 일어나서, 화장실로 간다. 출근 버스에 올라, 아침을 계획하거나 독서를 한다. 자리에 가서 컴퓨터를 켜고, 조간신문을 읽거나, 사이버 강의를 듣는다. 아니면, 회사 부근에 있는 헬스클럽에서 운동할 수도 있다. 이런 습관이 몸에 배어, 루틴이 된다면 하지 말라고 해도 자동으로 하게 된다.

난 요즈음 매일 새벽에 회사 헬스클럽에서 운동한다. 새벽 운동은 방해를 받지 않는다. 약속이나 야근에 대해 자유롭다. 그래서 빠지지 않고 매일 하게 된다. 새벽에 러닝머신을 타며, 몸의 노폐물을 땀으로 뺀다. 스트레칭으로 몸의 유연성을 높이고, 근육 운동으로 마무리를 한다. 샤워를 마치고, 왁스로 헤어스타일을 깔끔히 정리한다. 뽀송뽀송한 몸으로 양복을 갈아입고, 헬스클럽을 나와 사무실로 향하는 이 순간, 몸으로 전해져 오는 산뜻한 바람은 최고의 기분을 선사한다. 나의 아침은 남과 다르다. 도살장에 끌려가는 대부분 직장인의 아침이 아닌, 기대와 설렘으로 가득한 아침이다. 자기 전에 내일 아침이 기대된다. 새벽에 울리는 알람 소리에 바로 눈을 뜨게 된다. 하루를 긍정 에너지로 시작하게 된다. 이제는 자동으로 이 시간이 되면 눈이 뜨인다. 늦게 일어나는 게 더 부자연스럽다. 몸과 마음의 습관은 참으로 중요하다.

둘째, '10분만 더' 유혹을 떨쳐 버리는 것이다. 10분 더 잔다고 해서 더 개운하거나 피로가 회복되지 않는다. 단박에 일어나는 것이 중요하다. 새벽형 인간은 저녁형 인간보다 몇 배의 시간 혜택을 누린다. 물론 처음에는 힘들겠지만, 곧 지속하다 보면 습관이 된다. 새벽 5시부터 출근 전 8시까지는 두뇌가 가장 명석해지는 시간이다. 전문가들은 이때 집중력과 판단력이 낮의 약 3배에 달한다고 말한다. 이 시간만 잘 활용하면 업무 효율을 극대화할 수 있다. 자기 분야에서 피땀 어린 노력을 기울이는 사람들도 하나같이 새벽형 인간이다. 남들보다 많은 시간을 효율적으로 활용하기 위해서 일찍 기상해야 하기 때문이다.

셋째, 반드시 귀가시간을 정하는 것이다. 일찍 자야, 일찍 일어난다. 하지만 직장인들은 퇴근 후 곧장 귀가하지 않는다. 저녁 식사를 겸한 술 약속이 많기 때문이다. 술을 자주 마시는 직장인 특징이 귀가시간이 일정하지 않다는 것이다. 일찍 들어가는 날이 있는가 하면, 자정이 훨씬 넘어서 귀가하는 날도 많다. 마치 밤거리를 헤매는 하이에나처럼 2차, 3차를 외치며 거리를 활보하는 것이다. 되도록 1차에서 마무리를 하자. 아무리 늦어도, 대중교통을 타고 집에 들어가도록 하자. 그러면 12시 이전에는 귀가해야 한다. 나는 너무나도 사랑스러운 내 딸 민채와 아들 두현이를 생각하며 귀가시간을 앞당겼다. 동료애를 느끼는 이 순간도 중요하지만, 지금 한창 크는 아이들 모습이 더 중요하기 때문이다.

아침에 일찍 출근하는 내 습관은 앞으로도 계속될 것이다. 그 효험을 직접 경험했기 때문이다. 그래서 내 후배들에게도 적극적으로 추천하는 바다. 이제부터라도 가장 먼저 출근해 사무실 문을 열고 불을 켜자. 거기서 오는 상쾌함과 여유를 느껴보자. 아무도 없는 사무실에서 하루 일정을 계획하고 정리하는 시간을 가져보자. 당신은 상사와 동료들에게 성실한 직원으로 비칠 것이다.

나는 스펙보다 태도가 좋다

2

당당한 말이
성공을 부른다

'신언서판身言書判'이라는 말이 있다. 이것은 중국 당나라 시대에 관리를 등용할 때 살핀 것들이다. 먼저 단정하고 바른 몸가짐을 꼽았는데, 이는 앞에서 '태도'라는 키워드로 설명한 내용이다. 그다음으로는 그 사람 언변을 보았다. 말씨는 그 사람을 평가하는 중요한 요소로서, 현대를 살아가는 지금에 와서도 그 기준은 변하지 않았다. 특히, 무한경쟁 속의 직장생활에서 스피치와 프레젠테이션 중요성은 더욱 커지고 있다.

다음은 프레젠테이션을 앞둔 김 대리와 이 대리의 태도다. 식상에서 흔히 볼 수 있는 장면이다. 준비된 자와 준비가 안 된 자의 차이, 결과는 바로 이렇다.

아침 체조가 끝나자마자, 인재육성팀 박 팀장은 팀원 회의를 소집했다. 팀원들은 일사불란하게 회의실에 옹기종기 앉았고, 회의실 문을 열자마자 박 팀장이 서두를 꺼낸다.

"그룹웨어 게시판에 뜬 내용은 다 봤나? 다음 달에 경영혁신 경쟁 프레젠테이션이 있을 예정이야. 작년에 본부를 대표해서 총무팀에서 프레젠테이션 나간 건 다 알고 있지? 그때 장려상을 받았잖아."

박 팀장은 이어서 말한다.

"그래서 올해는 우리 팀에서 나가야 해. 장려상 이상은 최소한 받아야 한다고. 본부장님도 우리 팀에 거는 기대가 꽤 큰 것 같아. 아무튼, 주제 선정은 나중에 하고 말이야. 먼저 발표자를 선정하자고. 자, 누가 발표를 맡아볼 건가? 이번엔 대리급에서 맡아 보지그래. 김 대리와 이 대리, 둘 중에서 누가 할 건가?"

조용한 정적이 흐르고, 서로의 얼굴만 바라본다.

김 대리는 얼굴이 굳어지면서, 고개를 책상 위로 거둔다. 그때 갑자기, 이 대리가 손을 든다.

"팀장님! 제가 해 보겠습니다."

"어, 그래…… 허허"

나는 스펙보다 태도가 좋다

박 팀장은 이 대리를 대견스럽게 쳐다보며 또 말을 잇는다.

"역시! 이 대리야! 잘해 보자고. 내가 팍팍 밀어줄 테니……."

이 대리는 자기계발을 통해, 꾸준히 프레젠테이션 능력을 키워왔다. 이제 그 능력을 발휘할 기회가 온 것이다. 이렇듯, 준비된 자에게 기회는 어김없이 온다. 성공하려면 사람들 앞에 서는 것을 즐겨야만 한다. 회피하거나 두려워하면 안 된다. 나를 차별화시켜주는 좋은 기회이기 때문이다.

지금부터라도 생활태도를 바꿔보자. 회의 시간에 내 생각을 정확히 말하고, 회식에서는 내가 사회도 보고, 건배 제의도 해 보자. 웃기는 이야기도 한 토막하고, 최근 가십거리라도 말해 보자. 음치일지라도 노래도 한 곡씩 부르며 생활하다 보면 무대 공포증은 충분히 극복할 수 있다. 성공하는 사람 가운데는 내성적인 사람보다 외향적인 사람이 압도적으로 많다.

나는 학창시절에 지독히도 내성적인 소년이었다. 생활기록부에도 조용하고 내성적인 성격이라는 말이 항상 적혀 있었다. 늘 겸손하고 예의 바름이 몸에 배었다. 아버지와 어머니는 일찍이 딸 둘을 낳아 기르셨고, 둘째 누나가 태어나고, 5년 만에 셋째로 내가 태어났다. 어려서는 누나들 틈 속에서 계집애처럼 곱게 자랐다.

육군 장교이셨던 아버지는 제대 후 연이어 사회적응에 실패하셨다. 아버지는 말씀도 적어지시고, 자신감도 많이 떨어지셨다. 난 그런 아버지의 모습을 줄곧 보고 자랐다. 강한 남성성과 적극적이고 도전적인 모습 대신, 최고의 성실성과 법 없이도 살 수 있는 도덕성, 그리고 따뜻한 마음을 배웠다.

자라온 환경과 어린 시절 기억은 내 성격을 지배한다. 하지만 이런 내성적인 성격이 대학교에 들어가서 과대표와 동아리 회장을 하면서 확 바뀌었다. 군 생활도 많은 도움을 주었다. 치열한 노력 속에 나는 적극적이고 쾌활한 성격으로 탈바꿈했다고 자부한다. 하지만 대중 앞에서 한 발표는 이와 또 달랐다. 대학교 수업시간에 발표할 때 내 얼굴 근육은 파르르 떨렸다. 앞에 나서는 건 계속 두렵고 힘든 기억이었다.

현대자동차에 입사하면서 정말 똑똑하고 유능한 동기들과 8주간 신입사원 연수를 받았다. 컨베이어 벨트를 타고 직접 자동차 조립을 하는 생산실습도 하고, 지점에서 영업 실습도 했다. 과정이 끝날 때마다 발표하는 시간이 있었는데, 내 동기들이 자신감 넘치게 발표를 하는 모습은 나를 주눅이 들게 했다.

사원 3년 차 때, 6시그마 프로젝트 발표를 앞둔 상황이었다. 프로젝트가 완료되면 중역들 앞에서 발표가 기다리고 있었다. 발표가 두려운 나는 며칠을 잠도 못 자고 고민만 했다. 마침내 지푸라기도 잡는 심정으로 종로에 있는 스피치 학원에 등록했다. 거기서 기적은 시작되었다. 나는 스펀지가 물을 흡수하듯이 강의 이론을 체득했다. 십여 명 앞에서의 3분 스피치 훈련은 남들 앞에서 당당히 말할 수 있는 자신감을 심어주었다. 그 당시의 난 입이 간질간질할 정도였다. 앞에 나가서 발표하고 싶은 마음이었고, 그만큼 자신감이 있었다. 마침내 기회는 생각보다 빨리 왔다. 국내영업본부장 주관의 판촉회의 자리였다. 전국의 24

개 지역 본부장들이 다 모인 자리에서 발표하게 된 것이다. 발표 주제는 「택시고객 관리시스템 개발」에 대한 내용이었다. 난 떨지 않고, 또박또박 프레젠테이션했고, 발표가 끝난 후 그 당시 팀장이셨던 K 승용판촉 팀장님은 나에게 크나큰 칭찬을 아끼지 않으셨다. 그 이후 내 위상은 매우 변했다. 지금도 프레젠테이션은 내 장점이다. 내 최고 약점을 최고 장점으로 바꾼 것이다.

스피치와 프레젠테이션을 잘하려면 그 비결은 무엇일까?

첫째, 연단에 많이 서봐야 한다. 10명 앞에서 하는 발표와 100명이 넘는 발표의 압박감은 비교도 안 된다. 그동안 대중 앞에서 우리는 많이 떨었다. 이젠 떨 만큼 떨지 않았는가? 떨림을 극복하자. 유명 프로강사도 여전히 많은 대중 앞에서 긴장한다. 다만, 우리가 눈치를 못 챌뿐이다. 내가 떨고 있어도 청중들은 눈치를 잘 못 챈다. 그러니 걱정하지 말자. 떨림 현상은 재채기처럼 자연스러운 반응이다. 회식자리에서 건배 제의도 열심히 해 보고, 발표기회가 왔을 때 "제가 하겠습니다"라고 당당히 손을 들어 보자.

둘째, 프레젠테이션 내용은 간결해야 하고 표현은 자연스러워야 한다. 내용이 간결해야 스피치에 쉽게 지루함을 느끼기 쉬운 청중 관심을 붙잡을 수가 있다. 말하고 싶은 주장이 많을 경우, 사전에 청중을 분석하여 청중에게 맞는 내용에 집중해서 호소해야 효과가 크다.

스티브 잡스의 프레젠테이션 장면을 보면 표정, 청중을 바라보는 시선, 대화하는 듯한 표현, 말의 고저장단 등이 매우 자연스럽다. 중역 대상으로 하는 발표가 아니라면, 친구에게 대화하듯이 자연스럽게 발표를 하자. 어느 발표든지 듣는 사람이 편하게 들을 수 있게 해야 하는 것은 너무나 당연하다. 이때 중요한 것은, 스크린 화면을 너무 많이 보지 않는 것이다. 청중에게 시선을 고정하는 것이 중요하다. 스크린 화면은 강조하거나, 페이지를 넘길 때 보는 것이 적당하다. 비율로 치면, 시선의 80%는 청중에게, 20%는 화면으로 향하는 것이 황금비율이다. 이를 위해서 발표 내용은 반드시 숙지해야 한다.

셋째, 프레젠테이션 리허설을 꼭 해야 한다. 다들 이 부분을 많이 간과한다. 스피치를 효과적으로 하기 위해서 무엇보다 중요한 것은 자신감이다. 자신감을 느끼기 위해서는 발표 내용을 이해하고, 이해한 것에 확신을 품으며, 확신하는 바를 연습해야 한다. 연습할 때, 첫 단계에서는 원고를 읽으며 연습하고, 두 번째 단계에서는 시각자료와 원고를 가지고 실제처럼 연습한다. 최종 단계에서는 실제 장소에서 모든 것을 다 갖추고 연습을 해 보는 것이 좋다. 리허설에서는 연습하는 것을 듣고 조언할 사람이 있어야 한다. 그의 조언을 들으면서 자신이 모르는 단점을 보완한다. 중요한 프레젠테이션을 앞둔 경우, 팀원이나 가족 앞에서 미리 연습해 보고 그것을 동영상으로 찍어 함께 공유하는 것도 좋다.

직장인에게 프레젠테이션은 내 능력을 발휘하고 돋보이게 하는 유일한 수단이다. 사원에서 대리가 되고 과장, 차장, 부장이 되면 감독의 역할이 많아지고, 말을 듣는 사람 수도 많아지게 마련이다. 그래서 대다수 사람은 자신의 지위가 올라가면 그제야 비로소 커뮤니케이션 능력의 중요성을 절감하게 되고 연습에 매달리는 경우가 많다. 하지만 그때는 너무 늦다. 바로 지금이 기회다. 커뮤니케이션과 마케팅을 위해 스피치와 프레젠테이션 훈련에 매진하자. 실력과 소통 능력은 성공의 보증수표다. 당당한 말이 성공을 부른다.

3

바꿔! 바꿔!
업무는 개선으로!

뉴턴은 1687년 『프린키피아』에서 관성의 법칙을 제시했다. 관성의 법칙이란 다음을 말한다.

"외부에서 힘이 작용하지 않으면 운동하는 물체는 계속 그 상태로 운동하려고 하고, 정지한 물체는 계속 정지해 있으려고 한다. 누구나 기존에 해왔던 것을 답습하고 보존하려는 경향이 있다."

이런 관성의 법칙은 우리 생활과 밀접하다. 누구나 그동안 해왔던 것들을 답습하고 보존하려는 경향이 있다. 사람들은 대개 자신의 습관이나 버릇을 쉬 바꾸지 못한다. 사람 기질은 피와 몸속에 인처럼 박혀 더욱 바꾸기 힘들다. 세 살 버릇 여든까지 가는 게 인간사 상식이다.

방송사에서도 사람들의 이런 기질을 적절히 이용한다고 한다.

"이 때문에 드라마를 만들 때 초반에 많은 물량을 투입하곤 한다. 처음에 시청자들의 눈길을 잡아 둬야 그 관성으로 일정한 시청률을 확보할 수 있기 때문이다. 〈해신〉, 〈연개소문〉, 〈주몽〉, 〈불멸의 이순신〉, 〈태왕사신기〉, 그리고 〈선덕여왕〉 등 대작이라고 부를 만한 드라마들은 대부분 처음 4회 이내에 해외 현지 촬영 장면을 넣거나 대규모 전투 장면 혹은 화려한 컴퓨터 그래픽을 배치해 초반에 시청자들 이목을 집중시킨다. 그리고 이렇게 확보된 시청률이 약 20%를 넘어서면 방송사는 으레 방송연장을 준비한다. 보던 관성이 있으니까 몇 회 더 늘려도 시청자들은 계속 본다."

[출처 : 스포츠서울 기사. 2008]

직장생활 또한 그렇다. 사원, 대리 때 업무 습관이 차장, 부장, 임원까지 간다. 그래서 처음에 습관을 잘 잡아야 한다. 업무 또한 그렇다. 불편하고 스마트하지 못한 일들이 도처에 널려있지만, 습관이 되고 나면 개선할 엄두가 나지 않는다. 개선코자 해도 윗분들을 설득시키기가 여간 쉽지 않다. 재경, 인사, 총무와 같은 관리부서는 대개 보수적이다. 그만큼 꼼꼼하고 철두철미하게 일의 사안을 파고든다. 게다가, 예산이 투입되는 추진안이라면, 더욱 보수적일 수밖에 없다.

현대자동차 승용판촉팀에서 택시 판촉을 담당할 때 일이다. 택시는 거리를 다니는 광고판이라서 자동차 메이커 간에 자존심을 걸고 시장점유율 향상에 매진하고 있었다. 당시 쏘나타 택시 경쟁은 SM5 택시였고, 뒤를 이어 가격 경쟁력을 무기로 하는 매그너스 택시 등이 있었다.

택시 판촉은 일반 승용차 판매와 다른 게 있다. 택시는 차령차량 수명이 있다. 주행거리가 많고, 오래된 택시는 승객들 안전과 직결되기 때문이다. 보통 법인택시 경우 배기량2,400cc에 따라서 4년~6년, 개인택시도 배기량2,400cc에 따라 7년, 연장 시 9년까지 탈 수가 있다.

따라서 차령이 한계에 달하지 않은 택시 사업자를 대상으로 백날 판촉해봤자, 큰 사고로 폐차하지 않는 이상 의미가 없다. 그러니 차령이 거의 도래하기 직전 차량이 판촉 대상이 된다. 그 당시에는 자동차 등록원부 기준 차량번호를 일일이 자체 전산시스템에 입력해서 관리했다. 그 시스템 화면을 프린트해서 지점 관리자가 영업사원들에게 나눠주었다. 다소 비효율적인 측면이 많았었다.

그래서 사원 때 만든 시스템이 e-TCMSe-Taxi Customer Management System였다. 선임이 갑자기 타부서로 전출을 가서, 그 업무를 전적으로 맡게 된 것이다. 기존 3270 전산 화면을 웹으로 개선했다. 3270 전산시스템과 새로 개발한 웹 화면이 자동으로 연동되면서, DB 기능, 엑셀로 출력 및 저장 기능 등의 다양한 기능을 구현할 수 있게 되었다. 특히, 차령이 도래한 차량번호 리스트를 지점 관리자와 영업사원에게 이메일로 전달해 주는 E-Mailing 서비스 시행은 그 당시에는 매우 획기적인 일이었다. 이 시스템 개발로 국내영업본부 전 중역들 앞에서 발표한 기억

나는 스펙보다 태도가 좋다

이 아직도 선하다. 사원 3년 차 때 일이다.

다음은 현대자동차 계출운영팀에서 그랜저 담당을 할 때였다. 그랜저XG가 단종되고 신형 그랜저TG가 신차로 나오게 되었다. 사전 계약 대기 수요가 무려 만여 대 정도나 되었다. 납기로는 약 2~3개월이나 걸렸다. 계출계약/출고 및 차량 배정 담당자로서 차량 출고 질서 확립이 매우 중요했다. 본사에서는 일명 'D 코드'라고 불리는 긴급 코드를 운영했다. 당장 출고가 급한 고객이 있는 반면, 출고가 급하지 않은 고객도 있기 때문이다. 하지만 대개 고객은 빠른 차량 인도를 원한다.

신형 그랜저TG도 차량 긴급 코드 요청이 무수히 쇄도했다. 고객 독촉에 시달리는 지점장은 본사까지 올라와서 차량 긴급 코드 배정을 요청했다. 그 당시 내가 도입한 것이 바로 L 코드 운영이었다. 즉, 차량 계약 순서에 따라 한꺼번에 긴급 코드를 모두 입력한 것이다. 가계약도 있었기에 꼭 출고할 차량에 대한 계약번호만 선별해서 L 코드를 한꺼번에 입력했다. 지점 입장에서는 긴급 코드를 받아서 일단 안심이 되었고, 본사 입장에서는 차량 출고 질서를 제대로 지키는 일거양득의 효과를 얻을 수 있었다.

현대건설 총무팀으로 그룹 전출을 막 왔을 때였다. 2011년에 현대건설이 현대자동차그룹으로 편입되면서, 현대건설 총무팀에서는 현대건설 문화 속에 현대자동차 조직 문화와 시스템을 접목하고 반영시키는 일에 정신없이 바빴다.

일상 업무와 지원 업무가 많은 총무팀에서는 잦은 전화 응대와 이메일로 모든 직원이 바쁠 수밖에 없었다. 그래서 이것을 전산화하는 것이 급선무였다. 나는 그 업무를 주관했고, 그때 도입된 시스템이 총무지원시스템General Affairs Information System이다.

이 시스템으로 명함 신청, 차량 신청, 우편물 신청, 휴양소 신청, 선물 신청 등의 모든 총무 일반 및 복지지원업무가 한 플랫폼 안에서 모두 체계화되었다. 그 결과, 총무 지원 시간 단축으로 담당자와 직원 만족도 향상을 이룰 수 있었다.

『관점을 디자인하라』의 저자 박용후는 이렇게 말한다.

"세상에 변하지 않는 것은 없다. 오직 변하지 않는 것은 없다는 것만이 변하지 않는 진리다.' 누구나 한 번쯤 들어 보았을 명언이다. 언제까지나 변하지 않는 것, 언제까지나 당연한 것은 없다. 만일 모든 사람이 지금 있는 것들을 당연하다고 생각하고 그대로 받아들인다면, 과거와 현재뿐 아니라 미래의 세상은 아무런 변화가 없을 것이다. 하지만 세상은 너무 많이, 그리고 너무 빨리 변한다.

지금 당연한 것들을 아무 생각 없이 당연하게 받아들이는 사람은 항상 세상 변화를 뒤따라갈 수밖에 없다. 현재의 당연함을 부정하고 미래에 당연해질 것을 찾아가는 과정에서 생각이 자라난다. 다른 사람들과 차별화된 자신만의 생각이 생기게 된다.

게으른 사람만이 남들 뒤를 따라가는 것은 아니다. 당연한 것을 의심하지 않고 받아들이는 사람들은 세상 변화를 따라잡지 못한다. 그런데 바쁘게 살아가다 어느 날 발걸음을 멈추고, "와, 세상 정말 많이 바뀌었구나!" 하며 감탄하는 사람 중에서 성공하는 사람은 없다. '세상이 이렇게 바뀌는데 한 발짝 앞서가서 바꿔 볼까?'라고 생각하는 사람들이 성공한다."

즉, 현재의 당연함 속에 머무를 것이 아니라, 미래를 바라보고 미래에 당면할 것에 집중해야 한다는 뜻이다. 직장생활에서도 뚫어지게 관찰하고 고심하다 보면 개선할 것이 참 많다. 항상 개선하고 변화하는 마인드로 무장하자.

4

담배 끊고,
딱 10kg만 빼자!

축구 경기를 할 때 '닥공'닥치고 공격이라는 말이 있듯이, 요즘의 사업 및 직장생활은 무조건 세일즈다. 영업과 마케팅이 핵심이다. 자동차 회사는 양질의 차를 생산해서 제값에 판매해야 한다. 건설회사는 엔지니어링을 기반으로 한 수주 영업과 사업관리가 핵심이다. 결국 기술력을 판매하는 것이다. 이렇듯, 무엇인가를 팔아야 한다. 당신의 전문능력, 회사 핵심기술 등 무엇이든지 간에 세일즈하기 위해서는 상대를 만나야 한다. 결재를 위한 상사와 대면보고도 있고, 회사 인사담당자와 면담도 있다. 때로는, 일반 소비자도 만나야 하고, 발주처 및 공공기관 계

나는 스펙보다 태도가 좋다

약 담당자와 중앙부처 공무원도 만나야 한다. 그 상대에게 당신 입에서 흘러나오는 소리로 그의 귀를 만족스럽게 해야 한다. 그래야 그에게서 긍정적인 대답이 나온다. 승진을 위해서, 제품판매를 위해서, 계약을 위해서, 수주를 위해서 말이다.

그런데 당신 소리에 주목하지 못하고서, 코를 벌렁거려 당신 담배 냄새에 역겨움을 느꼈다면 어떨까? 게다가 커피 믹스와 어울린 지독한 냄새까지 더해졌다면? 당신은 절대로 그 사람에게 세일즈를 할 수 없을 것이다.

나는 재수할 때부터 담배를 시작했다. 쉬는 시간에 교실에는 여학생들밖에 없었다. 알고 보니, 남학생들은 쉬는 시간에 다들 옥상으로 담배를 피우러 간 것이다. 옥상에 몇 번 따라가면서 피우기 시작했다. 그때부터 거의 10년간, 하루에 한 갑 이상씩 폈다. 그러나 대학교 4학년 막 시작할 무렵에 난 담배를 단번에 끊었다. 그때 시작한 마라톤이 결정적이었다. 헉헉대면서 올라가던 학교 계단이 금연하고 나서는 그리 쉬울 수가 없었다. 내 지구력은 몰라볼 정도로 향상되었다. 결국 2000년 봄에 개최한 동아일보 국제마라톤대회 하프코스를 좋은 기록으로 완주할 수 있었다. 남들은 독하다고 했지만, 금연은 내 인생 최고의 결정이 아닌가 싶다. 담배에 끌려다니는 인생이 아닌, 자유로운 인생의 서막이었다. 사업에 성공하고 싶고 직장에서 더 잘되고 싶다면 담배 끊기를 권장하고 싶다. 독해야 성공한다.

툭 올라온 배, 자라목처럼 짧아진 목, 거친 숨소리, 옷 태 안 나는 펑퍼짐한 바지, 안면에 살이 쪄서 안으로 몰린 얼굴, 과도한 흡연으로 인한 거칠고 거무스름한 피부, 군인처럼 귀 옆까지 파르스름하게 짧게 깎아 개성이라고는 없는 머리, 몸에 나는 땀 냄새, 또렷하지 못한 눈빛까지……. 이 모든 것은 성공의 천적들이다. 직장인이 되고, 결혼하게 되면 필연적으로 5kg 이상은 찌게 돼 있다. 총각 시절에 입었던 슬림한 양복은 그때부터 무용지물이 되고 만다. 펑퍼짐한, 허리 사이즈 34 이상의 양복만 찾게 된다. 드디어 아저씨 세대의 서막이 올라간다.

현대자동차에 다닐 때 사내 모델(?)로 잠시 활약을 한 적이 있었다. 시장점유율 향상과 판매목표 달성을 위한 사내 포스터 표지 모델이었다. 포즈는 007 가방을 들고 역동적으로 점프하는 모습이었다. 그 후에도 여러 장 포스터를 찍었다. 사원, 대리 때였지만 이는 사내 평판과 이미지에도 매우 도움을 주었다. 이때가 내 리즈_{질 나갈 때} 시절인 듯 싶다.

그 후 러시아 상트페테르부르크에서 약 4년간 해외주재원 생활을 했다. 러시아의 기후와 바쁜 주재원생활에 운동을 거의 못했다. 게다가 기름지고 달고 짠 음식을 먹다 보니 살이 약 10kg이 더 찌게 됐다. 옷은 하나도 안 맞고, 계단을 내려갈 때 무릎이 아프기도 했다. 그때 사진을 보면 후덕함 그 자체였다. 그리고 한국에 오니, 동료들 반응이 가관이었다.

처음 보자마자 한 말들이
"야, 너 왜 그렇게 살이 쪘니?"

나는 스펙보다 태도가 좋다

"꼭 러시아 곰 같구나?"

약 4년 만에 현대자동차 사내 모델이 아닌, 후덕한 아저씨가 돼서 온 것이었다. 그들에게는 예전 모습만 기억이 남았을 것이다. 그런데 이런 반응을 하루 이틀 듣는 것도 아니고, 자주 들으니 그것도 스트레스였다. 어떨 때는 야속하기조차 했다. 그 후로 난 결심을 했고, 바로 살을 빼기 시작했다. 6주 만에 11kg을 감량한 것이다. 비결은 소식과 운동이었다. 아주 적게 먹고 많이 움직이니 몸무게가 빠질 수밖에 없었다.

감량하고 나서 주위 반응은 눈부셨다.
"더 잘생겨지셨어요."
"동안이시네요."

이런 말들은 내가 듣기에 가장 유쾌한 칭찬 중 하나다. 젊어 보인다는 말은 단순히 외모가 젊다는 것뿐만 아니라, 그 사람의 생기 있는 분위기, 청춘의 아우라가 느껴진다는 의미도 담겨 있기 때문이다.
사람을 만날 때 단순히 얼굴이 아름답거나 주름이 없다고 그 사람이 젊어 보인다고는 생각하지 않는다. 연배보다 표정이 밝고, 활기찬 사람은 피부가 팽팽한 사람만큼 젊어 보인다. 젊음과 행복 에너지가 느껴진다.
자! 이제 빨리 욕탕에 들어가 옷을 다 벗어 버리고, 알몸으로 냉정한 평가를 해 보자. 난 어디를 개선해야 할 것인가? 난 어떠한 노력을 해야 할 것인가? 내 똥배, 내 비만 상태 등 정밀한 자가 진단이 필요하다.

그렇다면, 다시 물어본다. "왜 담배를 끊고, 살을 빼야 할까?"

첫째는, 성공하기 위해서다. 직장생활은 머리로 하는 것이 아니다. 몸 전체에 밴 그의 태도, 향기가 나는 사람이 성공할 수 있다. 꾸준한 자기 관리와 노력만이 직장생활 성공을 부른다. 그러기 위해서 될 수 있으면 회식은 1차만 가고, 꾸준한 운동을 즐기자. 담배를 끊고, 살을 10kg 뺐다면 이젠 주위의 찬사를 그저 즐기기만 하면 된다.

둘째는 바로 자신감이다. 현대 성공학의 대가이자 자기계발서 창시자로 불리는 나폴레온 힐Napoleon Hill은 이렇게 말했다.

"자신감이 있는 사람은 산도 옮길 수 있습니다. 자신이 성공할 것이라 믿는 순간, 당신은 이미 성공의 첫발을 내디딘 것입니다."

성공하기 위해서 갖춰야 하는 필수요소가 바로 자신감이라는 의미다. 스스로에 대한 믿음이 부족한 사람은 한 번 실패를 맛보면 곧 비관하고 다시는 도전하지 못한다. 심지어 두 번 다시 일어서지 못하고 그대로 추락해 버리는 이들도 있다. 반면 흔들리지 않는 자신감을 지닌 사람은 끊임없이 시도하고 앞으로 나아간다. 설사 실패를 하더라도 이를 통해 자신에게 필요한 부분을 배우고 자양분으로 삼는다. 이렇게 중요한 자신감의 필요조건은 바로 나에 대한 자신감이다.

누구 앞에서도 떳떳하고 자신감 있게 우뚝 서기 위한 가장 손쉬운 방법이자 어려운 방법이 바로 금연과 다이어트이기 때문이다.

금연과 살 빼기, 그로 인한 자신감 갖기, 나에 대한 좋은 평판 주기, 직장에서 성공하기, 좀 더 젊고 행복하게 살기. 이것은 금연과 살 빼기를 통한 자연스러운 선순환 구조다. 사회에서는 성공을, 인생에서는 장수를 위해. "지금 당장 담배 끊고, 딱 10kg만 빼자!"

5

나는 Specialist!
너는 Generalist!

며칠 전 군대에서 막 전역한 조카에게 전화가 왔다.

"삼촌! 회사 구경 좀 시켜주세요."
"그래. 회사 앞으로 와. 삼촌이 점심 사줄게"

며칠 후 점심시간에 회사 근처에서 만났다. 대학교 1학년을 마치고, 군대에 간 게 엊그제 같은데 벌써 제대를 했다. 전역만 하면 모든 게 이뤄질 것 같았는데, 조카 표정이 연신 어둡다.

나는 스펙보다 태도가 좋다

"삼촌! 걱정이에요. 대학교 졸업해도 취직이 어려워서요. 제 전공도 좀 그렇고."

"삼촌 회사 직원들이 너무 부러워요. 저도 대기업에 들어가서 사원증을 차고, 월급도 타고 싶어요."

그 말을 들으며 난 이런 말들이 목구멍까지 넘어왔다.

"삼촌도 솔직히 고민이 많단다. 평생직장이라는 개념 자체가 희미해졌어. 그래서 나도 5년 후 10년 후 내 모습이 어떻게 될지 벌써 두려움이 앞선단다."

하지만 취업만이 전부라고 생각하고 있는 내 조카에게 이런 말은 차마 할 수가 없었다.

회사에서 구조조정을 감행할 때, 가장 우선순위에 오르는 사람은 바로 '교집합'이다. 한 부서에 비슷한 특기를 지닌 직원들, 그들 업무는 한 사람이 자리를 비우면 다른 사람이 대신하면 된다. 회사는 적재적소의 인재들이 시너지를 발휘해 주길 바란다. 잉여가 아니라 꼭 필요한 인재만을 원한다. 아무리 높은 경쟁률을 뚫고 입사했다 하더라도 주특기가 없는 사람은 도태될 수밖에 없다.

자랑 같지만, 나는 우리 회사 최고의 남북경협사업 전문가다. 어찌하다 보니 그렇게 됐다. 그쪽을 전공한 것도 아니었고, 예전에 관심도 없던 분야였다. 건설 한국의 고도 성장기를 주도했던 SOC 투자는 성숙기에 진입하여 물량이 감소하고 있다. 부동산 경기 또한 침체를 면하지 못하는 실정이다. 그 결과 건설업계 상위 100대 기업 중 무려 약 17개사가 부도·법정관리·워크아웃 상태다. 게다가 국내시장 침체 타개를 위해 해외 건설시장으로 적극적인 진출을 도모하고 있지만, 선진국 및 개도국과의 경쟁에서도 위협을 받는 등 힘겨운 상황이다.

이러한 상황에서 건설업계를 살릴 수 있는 희망의 빛은 북한 지역 인프라 구축 수요일 것이다. 남북한 경제협력을 통해 북한은 도로·철도, 항만, 발전소 건설, 산업·주거용 용지 개발, 공장·주택 건축 및 환경 정비 등 모든 분야에서 인프라 구축이 필요하다.

2014년 초 박근혜 대통령의 '통일 대박론' 발표 이후, 본부장님께서 대북사업을 사전 준비하는 TFT를 구성하라는 임명을 주셨다. TFT 명칭은 「미래 한반도 Project TFT」였다. 처음에는 너무 막막했다. 어디서부터 시작해야 하고, 정보는 어떻게 얻어야 할지? TFT 구성원들 모두 생소한 분야다 보니 처음 6개월 동안은 분야별로 스터디를 했다. 북한의 도로, 철도, 전력, 주택 등의 분야를 정해서 월별로 집중 테마 연구를 진행했다. 하지만 뭔가 2% 부족한 느낌이었다.

6개월 정도 후, 드디어 맨땅에 헤딩(?)하기 시작했다. 권위 있는 남북 경협 세미나 및 포럼에 대부분 참석했다. 세미나가 끝나면 발제자와 토론자들에게 다가가 명함을 교환하고, 궁금한 것은 그때 물어보기도 했다. 그들과 친분을 쌓으면서 정보를 교환하기 시작했다. 북한 SOC 전문가들에게 전화하고 무턱대고 찾아간 경우도 있었다. 중앙관청 주무부서인 국토해양부 국토정책과도 수시로 찾아가 질의도 하고, 우리가

나는 스펙보다 태도가 좋다

수집한 정보도 기꺼이 공유했다.

1년 정도 현장을 발로 뛰어다니면서 정부기관, 공공기관, 연구소, 업계, 학계, 금융기관 등의 네트워크가 구축되었다. 시간이 지나며 점점 네트워크가 긴밀해지고 고도화되었다. 궁금한 것이나 고급 정보는 딱 전화 2, 3통만 돌리면 바로 알 수가 있었다. 국토부 관계자가 오히려 내년도 대북 사업계획 수립 시 좋은 아이디어를 물어보기도 했다. 사내 유관부서, 그룹 기획실, 업계, 협회 등 여기저기서 정보를 물어보는 전화와 이메일이 쇄도했다.

매월 본부장님을 모시고 실시하는 「미래 한반도 Project TFT 회의」는 대외비를 다루는 고급 정보 회의가 되고 있었다. 결실도 있었다. 미래 한반도 TFT 책자를 2권 제작해서 사내 모든 부서에 배포했고, 남북 간 종단철도구간인 경원선 연결 사업까지 수주했다. 그리고 화룡점정으로 한양대학교 공학대학원 건설관리학과에서 석사 학위 논문으로 "국내 건설업체의 북한 SOC 사업 진출을 위한 「재원 조달 방안」에 관한 연구"를 써서, 우수논문상을 받기도 했다. 업무를 맡은 지 불과 2년 만에 업계 최고의 전문가가 되는 순간이었다. 지금은 남북관계가 얼어붙었지만, 언젠가는 이 전문능력을 활용할 기회가 또 올 것이라 분명히 믿는다.

성공한 자는 자신의 주특기를 살려서 한 분야에서 대가가 된 사람이다. 그들 역시 그 분야에서 살아남기 위해 치열하게 준비하고 싸웠을 것이다. 전문능력 하나 없어도 적당한 스펙과 상식과 적당한 눈치만 있으면 살 수 있었던 세상은 이제 끝났다. 아직 늦지 않았다. 지금부터라도 자신만의 전문능력, 특기를 개발하자. 내 분야에서만큼은 세상 누구와 경쟁해도 이길 수 있다는 자신감을 가져야 한다. 내 부서와 동종 업계를 넘어, 전 세계에 나만큼 열정을 갖고 고민하고 연구하는 사람이 없을 정도로 빠져 있어야 한다. 그런 생각과 그에 맞는 실천들이 자신감을 만들고 그것은 맡은 일을 훌륭히 해낼 추진력이 된다. 그리고 늘 자신은 절대 완벽하지 않으며 아직은 부족한 사람이라고 여겨야 한다. 그게 바로 나를 더 발전시키는 원동력이 된다.

"최고가 되기 위하여, 최선을 다하는 사람"이 되도록 하자.

나는 스펙보다 태도가 좋다

6

나만의
성공 경험 쌓기

피그말리온은 그리스신화에 나오는 키프로스 왕이자 조각가다. 그는 '갈라테이아'라는 이름의 여인상을 조각했는데, 그 아름다움에 반해 그만 사랑에 빠지고 말았다. 피그말리온의 진심을 전해 들은 여신 아프로디테는 그의 사랑에 감동해 여인상에 생명을 불어넣어 줬다.

이후 그의 이름은 '간절히 원하고 기대하면 언젠가 이뤄진다'는 자기 충족적 예언이자 암시의 상징으로 자리 잡았다. 심리학에서는 이처럼 긍정적인 기대나 관심이 좋은 영향을 미치는 현상을 '피그말리온 효과'

라고 정의한다.

리우 올림픽은 우리 사회에 '할 수 있다. 바이러스'를 선물했다. 펜싱 금메달리스트 박상영 선수는 결승 종료 47초 전 10대 14의 스코어를 '할 수 있다.' 세 번으로 뒤집었다. 탁구의 정영식 선수는 박상영 선수의 '할 수 있다 주문'을 따라 한 뒤 역전했다고 밝혔다. 사격의 은메달리스트 김종현 선수 또한 "할 수 있다! 주문을 속으로 많이 외쳤다"고 말했다.

올림픽 선수들의 '할 수 있다' 긍정 메시지는 '헬조선'이라는 부정적 언어가 횡행하는 우리 사회에 모처럼 긍정의 의미를 살포시 던져 주었다.

실제로 말이 갖는 긍정의 힘은 놀랍다. 이스라엘 엄마들은 입버릇처럼 "네, 할 수 있어요."라고 말해 어린아이가 뜻도 모르면서 따라 하게 만든다고 한다. 전 세계 60억 명 인구의 0.25%에 불과한 유대인들이 역대 노벨상의 20% 이상을 받았다. 이들이 세계를 장악하는 힘은 어릴 때부터 훈련된 '긍정의 말'에서 비롯된 것이 아닐까? 뇌는 실제로 한 일과 말로 시인한 일을 구별하지 못하고, 자신이 한 말을 그대로 믿는다고 한다.

이런 긍정과 말의 힘은 본인 성공 경험에서 극대화된다고 본다. 자신을 존중하고 사랑하는 마음은 자존감에도 큰 영향을 준다. 자신의 조그마한 성공 경험들이 쌓이고 쌓여 자신감을 느끼게 되고, 긍정적인 사고방식에도 큰 영향을 준다. 그렇다고 성공 경험이 대단한 성공이나

나는 스펙보다 태도가 좋다

성취를 의미하는 것은 결코 아니다. 단지 '작은 성공의 맛'이 모이고 모여 본인 성공 습관이 된다는 뜻이다. 내가 성공한 경험과 사례를 잘 기억하고 활용해서 자신만의 성공 습관을 만들도록 하자. 이것은 최고의 자신감을 뜻한다.

그러나 "나는 뭘 해도 안 돼" 하는 부정적인 사고와 지속해서 누적되는 부정 경험들은 결국 꼬리에 꼬리를 물어 실패의 구렁 속으로 빠져들게 한다. "내가 과연 성공할 수 있을까?", "내 주제에 뭘……." 이런 말들은 절대 금기어다.

나는 학창시절에 공부를 썩 잘하지는 못했다. 모범생이었지만, 성적은 그저 중상위권이었다. 친구들 사이에서도 인기가 많은 아이는 아니었던 듯싶다. 그저 고만고만했다. 몇몇 친한 친구들하고만 조용히 지냈다. 그로부터 몇십 년이 지난 지금 나이 사십이 넘은 동창들은 변화된 나를 보고 놀란다. 지금의 나는 조그만 성공 경험들이 쌓이고 쌓여 만든 것이다.

군 제대 후 복학해서 장학금 받았던 일, 마라톤 하프코스 완주, 토익 목표 점수 획득, 대기업 입사, 사원 때 중역들 앞에서 프레젠테이션 성공과 인정, 사랑하는 사람과의 결혼, 지리산 종주 2번 완주, 인사고과 A, 귀여운 딸 생김, 마라톤 풀코스 완주, 해외주재원 입성, 든든한 아들 탄생, 경희대 공공조달제도 과정 성적 최우수상, 대학원 최우수 졸업, 석사 학위 수여, 최우수 논문상 수상, 책 쓰기 등…….

이런 성공 경험들이 나를 만든 것이었다. 내가 봐도 참으로 소소한 성공 경험들이다. 이제는 프레젠테이션이나 강의 때 안 떨고 잘할 자신이 있다. 마라톤은 언제 뛰어도 완주할 수 있다. 솔직히 전날 과음하고 하프코스를 완주한 적도 있었다. 어느 학습 과정에 들어가도 최우수로 이수할 수 있다. 왜냐하면, 예전 성공 경험들이 내 가슴 속에 오롯이 남아있기 때문이다. 하지만 이런 성공 경험 속에는 보이지 않는 무수한 실패 경험들이 있었다. 그런 실패 경험과 시행착오가 있었기에 이런 성공 경험이 생겨났다. 이런 작은 도전을 지속해서 하다 보면 작은 실패를 견디는 힘이 생긴다. 더불어 실패의 경험에서 교훈을 찾을 기회도 생긴다. 한번 해내면 조금 더 어려운 일에 도전할 수 있는 자신감이 생기는 것과 같다.

성공 체험을 하기 위해서는 많은 도전이 필요하다. 도전하기 위해서는 많은 용기와 노력이 필요하다. "과연 내가 성공할 수 있을까? 내가 할 수 있을까?" 하는 쓸데없는 걱정은 이제 하지 말자. "실패는 성공의 어머니다"라는 에디슨의 명언도 있지 않은가? 실패해도 괜찮다. 실패하는 것이 안 하는 것보다 낫고, 실패를 많이 하다 보면 결국 성공할 확률도 높아진다.

맛있는 것도 많이 먹어본 사람이 잘 알듯이, 성공도 해 본 사람이 잘하게 되어있다. 도전하고 실패하고, 다시 성공하면 그것은 진정한 성공 경험으로 남게 된다. 이런 성공 경험은 곧 점이고, 그것은 선이 되어, 면으로 연결된다. 이것이 바로 점-선-면의 연결고리다.

스티브 잡스는 2005년 스탠퍼드 대학 졸업 축사에서 이런 얘기를 했다. 바로 점의 연결이다. 지금은 예측할 수 없지만 모든 점경험은 미래와 연결된다는 말이다. 잡스는 '점의 연결'을 설명하기 위해 자신의 청년기를 들려줬다. 아랫글은 EBS PD인 김민태 작가의 저서 『나는 고작 한번 해봤을 뿐이다』에 실린 스티브 잡스의 연설문이다.

"제가 대학에 다닐 때만 해도 그 순간들이 미래와 어떻게 연관되는지 알 수 없었습니다. 그러나 10년이 지나고 보니 모든 것이 분명하게 보입니다. 달리 말하자면 지금 시점에서 여러분은 미래를 알 수 없습니다. 다만, 현재와 과거 사건들만을 연관시켜볼 수 있을 뿐이죠. 그러므로 여러분은 현재의 순간들이 미래와 어떤 식으로든 연결된다는 것을 굳게 믿어야 합니다. 그것이 용기든, 운명이든, 인생이든, 인연이든, 무엇이든 마찬가지입니다. 지금 이 순간에 일어나는 일들이 먼 인생행로와 연관이 있다고 믿기만 하면, 설사 그것이 잘 닦여진 길에서 벗어난다 해도 스스로의 마음을 따르도록 확신을 줄 것입니다. 그렇게 함으로써 여러분의 인생은 완전히 달라질 것입니다."

잡스의 메시지는 "지금의 점경험이 미래의 어떤 시점에는 서로 연결된다는 것을 믿어야 한다"는 문장으로 정리할 수 있다. 세상의 모든 열매는 작은 씨앗에서 시작됐다. 점의 연결도 마찬가지다. 무언가 연결되려면 먼저 '점'이 있어야 한다. 이것은 나비효과Butterfly effect와도 비슷한 논리구조다. 나비효과란 중국 베이징에 있는 나비가 날개를 한 번 퍼덕인 것이 대기에 영향을 주고 또 이 영향이 시간이 지날수록 증폭되어,

긴 시간이 흐른 후 미국 뉴욕을 강타하는 허리케인과 같은 엄청난 결과를 가져온다는 것에 빗댄 표현이다. 즉 "작은 사건 하나에서 엄청난 결과가 나온다"는 뜻으로, 지구 한쪽 자연현상이 언뜻 보면 아무 상관 없어 보이는 먼 곳의 자연과 인간 삶에 커다란 영향을 미친다는 이론이다. 작은 성공 경험 또한 나비효과와 같은 맥락이다. 이런 작은 성공 경험, 즉 '점의 연결'이 곧 성공으로 가는 첫 길이다.

자신만의 성공 경험을 위해서, 우선 작은 일부터 성공해 보자. 그리고 그것으로 성취감을 느껴보자. "하루에 30분 일찍 일어나기, 출퇴근 시간에 책 읽기, 부모님께 전화하기, 엘리베이터 말고 계단 오르기, 불쌍한 사람 도와주기, 부모님 용돈 드리기, TV 드라마 보지 말기, 일찍 취침하기, 한 정거장 먼저 내려 걷기 등"을 당장 실천해 보자.

7

시련은
있어도 실패는 없다

1915년, 저는 강원도 통천군에서 농부의 아들로 태어났습니다. 6남 2녀 중 장남이지요. 지독한 가난에서 벗어나기 위해 인천연안부두에서 노동자생활을 시작했지요. 이후 자동차 수리 공장을 세웠고 돈을 모아 1947년 현대토건사를 설립했습니다. 현대건설은 해외까지 진출하며 쑥쑥 성장했고, 경부고속도로까지 만들었지요. 2년 5개월이라는 세계 최단기간 완공기록을 세웠습니다. 정말 미친 듯이 일했습니다. 저는 건설현장 야전사령관이었지요.

하지만 저는 하고 싶은 일이 또 있었습니다. 1966년 한국 진출을 검토하는 포드와 만남을 지시했습니다. 다들 만나주겠느냐고 하더군요. 그래서 물었죠. "이봐 해봤어?" 이후 기술 불모지였던 한국에서 1974년 포니 개발에 성공했지요. 최초의 국산 자동차 모델이랍니다. 허허. 제게 시련이란 극복해야 할 것에 불과했어요. 허허벌판이었던 백사장에 조선소를 세울 때도 그랬죠. 지푸라기라도 잡는 심정으로 바클레이스 은행 담당자에게 500원짜리 지폐를 꺼내 보여줬어요. "이 거북선을 보시오. 우린 400년 전 이보다 더 훌륭한 배를 만든 경험이 있습니다!"라고 말했죠. 물론 어려울 때도 많았습니다. 하지만 말하고 싶네요. "이봐 해봤어?", "인생에 시련은 있어도 실패는 없다"라고 말입니다.

위기는 언제 어디서 복병처럼 닥쳐올지 모른다. 위기가 닥치면, 조직 구성원들은 초조와 불안, 혼란에 휩싸인다. 이럴 때 진정한 리더십이 드러나는 법이다. 위기 상황에서 리더가 같이 흔들리면, 조직은 침몰할 수밖에 없다. 성공한 리더는 주어진 위기 상황을 최대한 유리하게 이용하면서 위기를 기회로 역전시킨다. 정주영 명예회장은 '시련과 역경이야말로 하늘이 주신 기회'라고 믿었다. 그래서, '시련은 있어도 실패는 없다'는 자신만의 독특한 경영철학을 일궈냈다. '하면 된다'는 불굴의 도전정신과 창의적 노력, 진취적 기상으로 '현대現代'라는 이름을 한국을 대표하는 대그룹으로 일으켜 세웠다.

세상 모든 일에는 양면성이 있다. 좋은 면이 있으면 나쁜 면도 있는 법이다. 삼성경제연구소 최우식 부회장은 '성공한 CEO의 공통점'이라는 주제로 강의했다. 그중 하나가 '물을 먹어봐야 한다'는 것이다. 상사에게 찍혀 지방으로 쫓겨 가거나, 직장에서 명퇴를 당하거나, 한직閑職에서 일을 해봐야 세상의 다른 면을 볼 수 있다는 얘기다. 현장의 생생한 모습을 볼 수 있고, 지방근무를 통해 본사 정책도 평가할 수 있다. 치열한 회사가 아닌 조그마한 중소기업에서 자기만의 역량을 충분히 발휘할 수도 있다. 전화위복轉禍爲福인 셈이다.

한센병나병 주요 증상은 피부의 무감각이다. 그래서 아파도 병원에 가지 않고, 짓무르고, 손발이 없어져도 그 사실을 모른다. 정말 무서운 병이다. 사람이 고통을 느끼고 아플 수도 있는 것은 어쩌면 참 다행이다. 사람의 고정관념 또한 그렇다. 내가 아픈 것인지, 안 아픈 것인지조차 모른다. 회사라는 틀 안에 있다 보면 여러 가지 고정관념이 생긴다. 어느 부서가 핵심부서고, 실세와 친하게 지내야 하고 이 자리는 한직이라는 등의 고정관념이 자리 잡는다. 하지만 절대 그렇지 않다. 양지가 음지가 되고, 한직이 메인이 되기도 한다. 중요한 것은 이런 상황을 어떻게 받아들이느냐에 달려 있다.

나는 IMF 외환위기 이후 어려운 시기에 졸업시즌을 맞게 되었다. 그래서 학교 동기들 대부분이 취업을 못 하고 있었다. 대학교 4학년 2학기 때 운 좋게도 치열한 경쟁률을 뚫고 현대자동차에 입사했다. 정말 이 세상을 다 가진 듯이 좋았다. 처음 발령받은 곳은 국내영업본부 강남상용지역본부였다. 지역본부를 거쳐 드디어 본사에 입성하게 되었다. 최고의 핵심부서인 승용판촉팀, 업무 보직은 택시 계출 담당이었다. 판매 볼륨은 작아도, 택시는 자동차 메이커의 자존심이었다. 길 위를 다니는 쏘나타 택시는 길 위의 현대자동차 광고판인 셈이었다. 당시는 극심한 공급 부족기였다. 차를 폐차시켜놓고 계약한 택시 출고가 늦어지면, 그만큼 영업을 못 하는 게 택시고객의 큰 고충이었다. 당시에 본사로 직접 찾아오는 택시고객들로부터 절박한 생계형 민원도 많이 받았지만, 그래도 보람은 가득 찼다.

다음 보직은 쏘나타, 그랜저 승용차 계출 담당이었다. 그야말로 메인 업무를 맡게 된 것이다. 쏘나타와 그랜저는 현대자동차 최고 베스트 셀링 카다. 항상 Back Order요청 미출고 대수가 몇천 대씩이었다. 판매와 생산의 가교였던 계출 담당 책임이 매우 컸다. 생산계획을 잘 예측해서 공장 생산관리 부서에 보내줘야, 고객들이 계약한 차량이 지연 없이 빠르게 공급될 수가 있기 때문이다.

사원, 대리 때 이 업무를 5년 이상 줄곧 한 팀에서 해왔다. 나는 이 업무의 베테랑이 되고 있었다. 그때 마침, 러시아 상트페테르부르크에 있는 현대자동차 러시아공장 생산법인 초기 총무 주재원으로 발령이 났다. 내 전공이 노어노문학이었고, 해외주재원은 선망의 대상이었기 때문에 주저 없이 회사의 부름에 응했다. 초기 해외주재원은 그야말로 "맨땅에 헤딩한다"는 말처럼 모든 업무가 무無에서 유有를 창조하는 일이었다. 초기 임시사무소 설치부터, 공장이 만들어지고, 차가 양산되기까지 모든 과정이 도전이었다. 많은 난관을 극복할 때마다 보람은 더욱 컸다. 해외주재원 4년 차 무렵 현대자동차에서 현대건설로 갈 기회가 생겨, 그룹 전출을 지원했다. 자동차와는 또 다른 분위기 속에서 바로 적응하기가 그리 쉽지는 않았다. 그러나 그 적응 기간은 오래가지 않았

나는 스펙보다 태도가 좋다

다. 일명 「전입 신병 100일 작전」이었다. 100일간 제일 먼저 출근하고, 제일 늦게 퇴근했다. 단군신화에서 곰이 백일동안 쑥과 마늘을 먹고 사람이 된 것처럼, 업무 파악과 신뢰 구축을 위한 최소 기간이 약 100일이다. 그리고 새로운 동료, 후배들과 친분 쌓기가 가장 중요했다. 사내 회식은 모두 참석했다. 건설 문화를 이해하고, 서로 친해지기에 회식자리만큼 좋은 배움터는 없었다. 특유의 친화성과 열린 마음으로 주변 상황과 동료들을 대하니, 자연스럽게 회사 및 동료들과 동화될 수 있었다. 먼저 건설로 전출 가신 자동차 선배님들 도움과 반갑게 맞아준 그 당시 팀원들의 따뜻함은 지금도 잊을 수 없다.

사람들은 항상 '실패로 내 꿈이 무산됐다'고 말한다. 하지만 꿈은 절대 도망가지 않는다. 도망가는 건 항상 당신 자신이다. 왜냐하면, 실패한 게 문제가 아니라, 실패를 통해 무엇을 배웠느냐가 중요하기 때문이다. 한 번 실패에 한 번 아픔이 있고, 한 번 아픔으로부터 한 번 성장이 있다. 그 성장을 통해 우리는 꿈을 이루게 된다.

나는 지금도 최선을 다하고 있다. 업무 전문성 향상을 위해 한양대학교 공학대학원 건설관리학 과정을 수석으로 졸업하였고, 우수논문상을 받았다. 이곳에서 정말 좋은 직장 선·후배들을 만나게 되었다. 가족들끼리 만나는 모임이 있을 정도로 융화가 잘 되고 있다. 여기서 또 다른 영광을 만들어가고 있다.

애플의 창업자 스티브 잡스 역시 스탠퍼드대학교 졸업 축사에서 본인은 '점으로 연결된 인생Connecting the dots'을 살았다고 말했다. 본인 인생을 지금 모습으로만 생각하고 지나간 날을 기억하고 아쉬워할 필요는 없다. 놓쳤다고 생각했던 기회들을 후회할 필요도 없다. 그것이 정말 기회였는지는 알 수 없기 때문이다. 중요한 것은 인생에 오르막이 있으면 내리막이 있다는 사실을 새기는 것이다. 오르막에서는 항상 내려갈 것을 대비해야 한다. 내리막에 있어도 또 오르막이 있다. 인생에서 내가 잘 나가도 항상 내려갈 것을 대비해야 하고, 못 나가더라도 다시 올라갈 길을 모색해야 한다.

지금 당신 인생은 힘들고 괴로울 수 있다. 하지만 현재 당신 인생이 전부는 아니다. 지금 모습만이 당신 모습 또한 아니다. 너무 실망하지 말자. 절망하지 말자. 이 좌절이 훗날 멋진 반전이 되어줄 것이다. 위기가 깊을수록 반전은 짜릿하다. 항상 성공만 하는 사람보다, 이 세상은 스토리가 있는 당신을 더 존경한다. 절대 포기하지 말자. 야구는 9회 말 2아웃부터인 것처럼, 인생의 반전 드라마는 끝내 완성되어야만 한다. 다시 한 번, 시련은 있어도 실패는 없다.

나는 스펙보다 태도가 좋다

Be pains, no fails

쿨한 대리, 멋진 부장 되는 비결

촉망받는 사원, 대리 의 태도 비결

I Than spec Have a
good attitude

1

핸드폰 노! 노!
얼굴로 마주 봐요

직장인들이 가장 최악으로 꼽는 후배 유형은 무지하고 매너가 없는 후배인 것으로 조사됐다. 온라인 취업포털 사람인이 올해 직장인 1,382명을 대상으로 '직장 내 최악의 후배 유형'에 대해 설문조사를 벌였다.

조사 결과 응답자들은 '무지하고 매너 없는 유형26%을' 최악의 후배로 꼽았으며, 뒤이어 상사에게만 잘하는 '아부형14.5%', 일을 가르쳐도 이해를 잘 못 하는 '백치형10.9%', 능력도 없으면서 말만 앞서는 '허세형10.3%', 지시대로 안 하고 자기 멋대로 처리하는 '나잘난형9.7%', 시키는 것 외엔 결정이나 판단도 못 하는 '결정장애형9.1%', 잦은 지각 및 딴짓을 일삼는 '태도 불량형8.3%', 낙하산으로 들어와 위아래가 없는 '금수저형3.2%' 등이 뒤를 이었다.

한편, 가장 함께 일하고 싶은 후배 유형으로는 '예의가 바르고 착한 성품을 가진 유형30.2%'이 1순위로 꼽혔다.

멋진 사원, 쿨한 대리가 되려면 우선 매너가 좋아야 한다. 아무리 스펙이 좋아도 일을 잘해도, 태도가 좋지 않으면 소용없다. 서로에 대한 존중과 배려는 직장인의 기본이다. 자기계발서에는 직장인 매너에 대한 내용이 넘친다. 하지만 거기에 없는 내용도 참 많다.

이 장에서는 많은 사원, 대리들이 간과하기 쉬운 두 가지를 강조코자 한다. 바로 스마트폰 예절과 식당 예절이다.

첫째, "핸드폰 놔! 놔! 얼굴로 마주 봐요!"다.

스마트폰이 내 곁에서 떨어지면 불안한 세상이다. 직장 내에서도 그렇다. 업무적으로 직접 대면하고, 통화하기보다는 채팅과 문자 메시지가 대세다. 하지만 주의할 것이 있다. 동료와 선·후배끼리 대화하고 있을 때, 그대의 눈은 스마트폰을 보고 있는가? 후배 사원과 말을 하고 있는데, 그가 핸드폰만 만지작거린다면 기분이 어떨까? 겉으론 태연하겠지만, 속으로는 무시당하는 느낌일 것이다.

점심시간에 나는 되도록 팀원들과 식사를 하려고 한다. 특별한 약

나는 스펙보다 태도가 좋다

속이 없다면, 팀원들과 우르르 식사를 같이 하러 간다. 식당에 들어가서 서로의 모습을 보면 다들 가관이다. 얼굴을 마주 보며 즐거운 대화를 하려는 후배도 있고, 습관적으로 핸드폰을 만지작거리는 사원들도 있다. 두 눈을 반짝이며 선배 대화에 귀를 쫑긋하는 김 대리와 고개를 푹 숙이며 핸드폰만 하는 박 대리 중에서 누가 더 마음에 들까?

급한 용건이 있어 업무적으로 핸드폰 문자나 SNS를 보내는 것이라면 충분히 이해가 간다. 하지만 고작 인터넷 서핑이라면 이건 좀 심한 듯싶다. 함께하는 점심시간에 습관적으로 핸드폰을 보는 이 친구들은 상대방에게 관심이 없는 걸까? 아니면, 공통 화제가 없어서일까? 상대가 윗사람이건 아랫사람이건 이건 분명히 결례缺禮다.

이제는 핸드폰 대신에 두 눈을 마주 보고 대화를 하도록 하자. 날씨 이야기, 공통 관심사, 본인의 최근 성공담과 실패담, 사내 정보, 취미 등을 공유하자. 점점 상대방에 관한 관심과 소통이 부족한 시대다. 이럴수록 더욱 상대방에게 관심을 보이고 다가서는, 가슴이 따뜻한 사원이 되자.

둘째, 회식자리에서 수저 세팅은 내가 먼저 하자.

회식자리 테이블에 앉고 난 후 가만히 있는 후배들이 있다. 멀뚱멀뚱 쳐다만 본다. 축구에서 '닥공닥치고 공격'을 하듯이, 테이블에 앉으면 자동 반사적으로 수저 세팅과 물 따르기를 해야 한다. 그리고 밑반찬이 모자라면 식당에 리필 요청을 하자. 상사의 술잔이 비어있으면 수시로 채워야 한다. 식당이 바빠서 요청하기가 어렵다면, 본인이 직접 가져오는 적극성도 때로는 필요하다.

현대자동차 러시아 생산법인 주재원 때 일이다.

직책이 총무팀장이라 의전 업무가 상당히 많았다. 그 날은 회사 경영층의 방문이었다. 상트페테르부르크 풀코보 제2 공항에서 경영층을 픽업 후 바로 점심식사 장소로 가는 일정이었다. 식사 장소는 시내 중심에 있는 한식당이었다. 식사 준비는 잘 되고 있는지, 사전 선발대도 대기하고 있었다. 한식당에서 경영층이 내린 후 미리 지정된 식당 테이블로 모셨다. 경영층과 법인장님과의 아주 유쾌한 대화가 이어지면서, 이번 의전 결과도 매우 좋을 것 같았다.

그런데 문제가 생겼다. 밑반찬은 나왔는데 메인 요리가 나오지 않고 있었다. 경영층과 법인장님과의 대화는 중간중간 끊어지고, 가끔 시계도 보면서 어색한 시간이 흐르고 있었다. 의전 담당자였던 난 미칠 지경이었다.

그때 난 주방으로 뛰어들어갔다. 아무리 한식당이어도 종업원들은 현지인들이라 한국의 '빨리빨리' 문화를 몰랐다. 러시아에서 근무해 본 사람이라면, 러시아인들 특유의 느릿느릿한 문화에 속 터지기 마련이다. 주방에 들어간 난 프라이팬에 구워진 고기를 그릇에 담아 직접 서빙을 했다. 지나치다고도 할 수 있겠지만, 그 상황에서는 그게 최선이었다. 다행히 식사는 잘 마무리되었고, 경영층 의전도 무사히 마무리되었다.

식당에서 상사와 점심을 먹고 있을 때, 음식이 나오지 않을 때도 간혹 발생한다. 이럴 때 그냥 무심코 기다리다 낭패를 당할 수도 있다. 왜냐하면, 오더가 안 들어간 경우도 많기 때문이다. 이를 위해 재차 확인하는 것도 중요하다.

나는 스펙보다 태도가 좋다

직장생활에서 상사, 동료, 후배들과 사무실에서만 같이 있는 것이 아니다. 업무 외적인 시간, 예를 들어 점심시간, 쉬는 시간, 회식시간, 업무의 연장인 단합행사 등이 있다. 이것들을 모두 합하면 상당히 많은 시간이 된다. 회사 본부 단합행사 때는 산행을 가거나 운동장을 빌려 체육 행사를 한다. 이때에도 내가 맡은 일이 없다 해서 가만히 있지 말자. 상사들에게 술도 한잔 따라 드리고, 연로한 중역들이 산행할 때 가방이라도 들어드리자. 아니면 하다못해 쓰레기라도 줍자.

당신이 소극적인지 적극적인지, 하나를 보면 열을 안다. 생활 속 소소한 적극성이 곧 업무로 이어진다. 상사들은 바로 그런 점을 본다. 그 사람 태도와 눈빛, 향기까지 말이다. 지금 회사 내 직원들을 잘 살펴보자. 정말 식당에서도 적극적인 직원들이 일도 잘하고, 사내에서 인기도 많다.

다시 한 번 강조하고자 한다.

"핸드폰 노! 노! 얼굴로 마주 봐요"
"회식자리에서 수저 세팅은 내가 먼저!"

2

This is not my responsibility!
이것은 제 일이 아닙니다!

회사 업무에 '네 일, 내 일'이 있을까? 분명히 있다. 하지만 모두 회사 업무라는 큰 틀에 포함된다. 회사 모든 일이 내 일이라 생각하고 협조하며 마당발처럼 뛰어 보자. 언젠가 모두 되돌려 받을 것이다.

큰 조직일수록 협업이 잘 안 되는 경우가 많다. 서로 긴밀하게 협력해도 부족할 판에 다른 팀 혹은 동료를 견제하느라 일이 진척되지 않는 것이다. 선의의 경쟁과 협업은 모든 조직이 풀어야 할 아주 중요한 과제다. 진정한 경쟁은 서로 시기하고 이간질하고, 짓밟는 경쟁이 아니다. 동료들이 성공할 수 있게 아이디어를 건네주고, 내가 필요할 때는

나는 스펙보다 태도가 좋다

아이디어를 요청해야 한다. 서로 경청하고 격려해 주는 분위기가 먼저 조성되어야 한다.

선의의 경쟁이 잘 안 되는 것은 서로에 대한 무관심과 무지 때문인 경우가 많다. 동료 일을 알려고 하지 않고, 옆 팀 업무에는 관심도 없다. 알 수 없으니 이해하지 않는다. 이는 매우 위험한 결과를 낳는다. 자신 업무 영역만 챙기다 보니 창의적이거나 획기적인 개선을 기대하기 어렵다. 최고의 직원들이 모인 일류기업이라도 이렇게 각자 모래알처럼 따로따로 움직인다면 오래가지 못하고 무너진다. 그야말로 사상누각沙上樓閣이다. 물론 개인도 발전할 수 없다.

회사에 처음 들어가면 '조직도'라는 것을 보게 된다. 다음에 '팀 업무 분장도'를 알게 된다. 그리고 업무에 대한 R&RRole & Responsibility이나 KPIKey Performance Indicator, 핵심성과지표 등을 알게 될 것이다. 내 업무는 무엇이고, 나는 어떤 목표를 통해 성과를 만들고 평가를 받게 될 것인가? 이것은 회사생활에서 매우 중요하다. 어쩌면 회사생활 전부일 수도 있다. 이렇게 각자 자신만의 일을 갖게 되면, 자신이 맡은 일만 좋은 성과를 내면 된다고 생각하기 쉽다.

하지만 회사 일이라는 것이 칼로 두부 자르듯이 딱 떨어지고 분배되는 경우는 그리 많지 않다. 어느 땐 내 일을 동료가 해줘야 하는 경우도 있고, 남의 일을 내가 하는 경우도 많다. 그러다 보면 '이건 내 일이 아닌데 왜 내가 이 일을 해야 하지?' '내가 저 일을 하면, 내 성과라고 인정해 줄까?'라는 고민이 생겨날 수도 있다.

회사에서 좋은 평가를 받고 더 높은 연봉을 받고 싶은 것은 어쩌면 당연하다. 하지만 좋은 고과를 받겠다는 목표 하나만으로 회사생활을 하는 것은 위험한 생각이다. 요즈음 회사 인사 평가는 절대평가가 아닌 상대평가다. 인사등급 S-A-B-C-D 등급이 매겨지고, 등급별 인원은 한정되어 있다. 누군가 S등급을 받으면, 다른 누군가는 C등급을 받아야 한다. 좋은 고과를 받기 위해서는 경쟁이 필수다. 그렇다 보니, 내가 이루어야 할 성과를 공유하지 않고, 남이 하는 일에 도움을 주면 안 된다는 인식이 생길 수도 있다. 그렇게 되면 나만이 목표를 달성하고 좋은 평가를 받으리라는 욕심이 난다. 그런데 이런 생각은 하수다. 즉, 본인을 더 크지 못하게 한다. 고수라면 더 넓고 깊게 봐야 한다. 한두 해는 좋은 평가를 받을 수도 있겠다. 하지만 그 이상의 핵심 인재로 평가받지는 못할 것이다.

현대자동차 러시아공장 생산법인 주재원 때 일이다. 그때 직급은 과장이었지만, 보직은 총무팀장이었다. 그래서 여러 명의 러시아 현지인 팀원들이 있었다. 초기 세트업 단계라, 직원별 업무가 딱히 분명하지는 않았다. 특히, 총무업무 특성상 더욱 그럴 수밖에 없었다. 각자 맡은 바 업무가 있어도, 행사나 의전 업무가 있으면 벌떼같이 달려들어 일사불란하게 해결해야만 한다. 회사에 대해 최고의 충성도와 주인의식이 필요한 자리다. 하지만 일해도 잘 표시가 나지 않는 자리이기도 하다.

현지 총무팀원 중에서 예카테리나애칭은 까쨔라는 출장 담당 직원이 있었다. 이 직원은 상트페테르부르크 국립대학교 한국어학과를 나온 재원이었다. 영어에 능통하고 한국어도 제법 잘했다. 본인이 기아자동차 슬로바키아생산법인KMS 출장 담당자와 몇 번 통화하더니 출장규정도 뚝딱뚝딱 직접 만들었다. 그만큼, 자신 업무에 애착도 많았고 능력도 있었다. 그런데 이 친구에게 딱 한 가지 단점이 있었다. 자기 업무외에는 일절 안 하려고 한다는 것이었다.

한국 주재원들에게 집 문제는 매우 중요했다. 특히, 러시아 치안 상황 등을 고려하면 보안은 아무리 강조해도 지나침이 없었다. 적절한 가격에 안전하고 좋은 주택을 얻는 것은 총무팀에서 매우 중요한 일이었다. 그래서 그 업무를 예카테리나에게 맡겼다. 제법 통역도 잘 되고, 현지 상황을 누구보다 잘 알기 때문이었다. 처음에는 곧잘 했다. 예카테리나가 부동산 임차 지원 업무를 맡으면서, 새롭게 주택을 임차한 신임 주재원들 만족도가 매우 높았다. 무엇보다 그녀는 다양한 러시아 부동산 에이전시들을 잘 활용하면서, 양질의 집을 많이 보여주는 수완이 있었기 때문이다.

신임 주재원들이 집을 임차하고 나서, 한 달 정도 지난 후에 예카테리나는 나에게 면담을 요구했다.

그녀는 매우 단호한 표정으로 다짜고짜 이렇게 말했다.
"This is not my responsibility!" (이것은 제 일이 아닙니다!)

그 말에 난 충격이었다. 아무리 이해할 수 있도록 설명을 해도 그녀는 막무가내였다. 자기는 부동산 에이전시가 아니라는 것이었다. 그런데 더욱 놀라운 것은 예카테리나뿐만이 아니라, 러시아 현지 직원들 대부분이 그렇게 생각한다는 것이었다. 그들은 회사와 맺은 근로계약서 Labor of Contract에 지정된 업무 영역Scope of Work 외에는 안 하려는 경향이 있었다.

총무팀 초기에는 그런 것을 깨기 위해 상당히 힘들었다. 네 일, 내 일을 떠나 우리 모두의 회사 업무라는 것을 심어주기에 꽤 많은 시간과 노력이 필요했다.

흔히, 이제는 '협업Collaboration의 시대'라고들 한다. 과거에는 남이야 죽든 말든 나만 살면 되는 시대이었지만, 이제는 상생과 화합, 협업이 중요한 시대다. 기업 간에도 이 현상은 두드러지고 있다. 핸드폰이든, 자동차든, 세계에서 기술력이 가장 좋은 업체를 찾아서 같이 일하자고 손을 내민다. 특히, 경쟁이 치열한 업계일수록 강자들끼리 모여 부가가치를 만들어 내고 시장을 창출해 선점한다. 즉, 각 분야에서 강점을 가진 기업들이 연계하여 미래를 만들어 내는 것이다.

구글은 자신들이 만든 플랫폼에 누구든지 들어와 돈을 벌 수 있도록 개방하고 있다. 그들은 전 세계 기업들이 국경 및 규모와 관계없이 초 경쟁 상황에 놓이는 세상이 실현된다고 보고 있다. 그래서, 어떤 기업이든 경쟁력과 기술력이 있다면 협업하겠다는 자세. 협업이야말로 가장 쉽게 세상을 혁신하는 방법이기 때문이다.

국내 기업에서는 현대카드의 협업Collaboration 마케팅이 두드러진다. 현대카드와 빅뱅의 콜라보레이션은 대기업 스타마케팅의 좋은 사례다. 현대카드와 YG엔터테인먼트 두 기업의 콜라보레이션은 상업성을 넘어 예술성까지 품었다는 극찬을 들었다. 현대카드는 금융회사지만 디자인

나는 스펙보다 태도가 좋다

과 협업을 근간으로 한 역동적인 기업 문화가 돋보인다. 서울 가회동에 문을 연 현대카드 디자인 라이브러리는 약 1만 2천여 권의 국내외 디자인 도서를 만나볼 수 있는 공간이다. 이마트와 함께 출시한 주방용품 브랜드 '오이시터', 기아자동차와 협업한 콘셉트 카 '마이택시' 등이 '협업 효과Collaboration Effect'의 좋은 예다.

이제는 특정 분야만이라도 최고가 되어야 살아남을 수 있다. 하지만 독자적인 기술을 가졌다 해도 혼자서 살아남으려고 해서는 안 된다. 새로운 시장을 개척하거나 선점하기 위해서 언제든지 다른 분야와 협력해야 하기 때문이다.

조직 내부에서 일할 때도 마찬가지다. 월트디즈니는 임원 평가 시, 70%는 해당 사업부 성과를 기반으로 하고, 나머지 30%는 다른 사업부와 협업을 통해 창출한 성과를 기준으로 삼는다고 한다.

나만 좋은 성과를 얻어 내겠다는 생각으로 업무를 하게 되면, 나와 남의 일을 구분하게 된다. 내 일의 성공에만 집중하게 되며, 다른 사람과 협업이 되지 않는다. '그건 내 일이 아닌데, 왜 내가 해야 하지?', '그걸 내가 해서 얻는 게 뭐지?'라는 고민이 시작된다면, '네 일, 내 일? 모두 회사일!'이라는 마음가짐으로 모든 일을 대할 필요가 있다.

우리 모두 외쳐보자. "This is my responsibility!"

3

진정한 노력은
배신背信하지 않는다.

'발레리나 강수진의 발' 사진을 보았을 것이다. 피멍으로 얼룩진, 흡사 고목 뿌리 같아 보이는 두 발. 무대 위에서 요정처럼 빛나는 프리마 발레리나에게 이 발은 재산이었다. 독일 슈투트가르트에서 30년 동안 활동해 온 세계적 발레리나 강수진은 49세 나이로 은퇴했다.

'강철 나비' 강수진이 1986년 코르 드 발레, 그러니까 군무진으로 이 발레단에 입단한 지 30년 만이다.

은퇴공연 오네긴의 커튼콜이 끝날 무렵, 객석은 1,400개 하트와 '당케, 수진고마워요, 수진'이라는 메시지로 뒤덮였다. 그녀는 "관객들 없이는

나는 스펙보다 태도가 좋다

이런 순간이 없었을 것이라"며 감사의 뜻을 남겼다고 한다.

과거 강수진은 언젠가 이런 말을 했었다.

"언젠가는 발레를 그만둘 날이 오겠지만. 하루를 100% 안 살아 본 날이 없으니 후회는 없다."

그녀 발과 관객들의 환호성은 그녀가 어떻게 노력을 했는지 잘 보여준다. 이처럼 '천재'라고 소문난 피아니스트나 첼리스트의 연습량을 한 번 보면 입을 쩍 벌리게 된다. PGA에서 활약하고 있는 최경주와 지금은 은퇴한 박세리 선수 손을 보면 일반인 상상을 뛰어넘는 강도 높은 훈련 흔적을 알 수 있다. 그들은 천재이면서도 노력형이었다. 노력이 수반되지 않는 천재는 빛을 발할 수 없다.

나는 지독한 노력형이다. 학창시절 때부터 남보다 몇 배의 노력으로 달려왔다. 난 처음부터 잘하는 스타일이 아니다. 대학교 때 일이다. 1학년 때 과 동아리인 '러시아 민속춤반'에 가입을 했다. 한 주에 한 번씩 연습하면서 가을 축제 공연을 준비하는 동아리였다.

러시아 민속춤이라 하면 거의 노가다(?)에 가까울 정도로 운동 강도가 심하다. 남자의 경우 펄쩍펄쩍 뛰어야 하고, 무릎 꿇은 자세에서 바로 양발을 차례로 내딛는 모습은 다들 혀를 내두르게 한다. 공연 준비를 위해서 춤 순서와 박자 감각도 중요했다. 그런데 난 다들 왼쪽으로 갈 때 나 혼자 오른쪽으로 가거나, 오른쪽으로 갈 때는 왼쪽으로 가곤 했다. 모든 연속 동작들이 반 박자씩 느렸다. 2학년 선배들이 날 포기할 정도로 춤 실력이 늘지 않았다. 하지만 나는 연습이 끝나도 남아서 춤 연습을 계속했다. 결국 가을 공연 때 최고의 퍼포먼스를 보일 수 있었다. 힘이 넘치는 동작과 안정되고 자신감에 찬 모습이 관객들에게 크게 호응을 얻었다. 그것을 계기로 난 2학년 때 러시아 민속춤반 회장이 되었다. 최악의 몸치에서 최고의 춤꾼이 되어 버린 것이다. 그때 선배들이 나에게 이런 말을 했다.

"네 노력이 정말 대단해. 하나의 모습을 보면 열을 알 수 있다고 하잖아. 앞으로도 이런 좋은 모습 기대할게."

나를 포기했던 선배들에게 이런 말을 들으며 난 노력의 중요성을 절감할 수 있었다. 그런 노력의 힘은 인생을 살면서 아주 큰 힘이 되었다.

현대자동차 사원 2년 차 때 지역본부에서 본사 승용판촉팀으로 발령받았을 때였다. 그때 난 그 일에 미쳤었던 것 같다. 퇴근하고 집에 가서도 항상 내 머릿속에는 차종 코드, 판매코드, 지점코드, 판매 전산 화면 등이 아른거렸다. 지금도 기억이 난다. 평일은 매일 야근을 했고, 주말마다 회사에 나가서 공부와 못다 한 일을 마저 했다. 아마 내 인생에서 가장 열심히 일한 순간이었다. 그 노력은 결국 내 직장생활의 마중물이 되었다.

"진정한 노력은 배신하지 않는다." 내가 매우 좋아하는 문구다. 이 말을 증명하는, 노력의 아이콘 이승엽 선수 사례를 들어 보고자 한다.

"이승엽은 원래 투수 출신이다. 초등학교 때 멀리 던지기 대회에서 입상했다가 다른 학교 야구부 코치에게 발탁됐다. 1993년 경북고를 청룡기 전국고교야구선수권 우승으로 이끌며 우수투수상을 받았다. 하지만 국내 프로야구 역사에 '투수 이승엽'의 기록은 없다. 스프링캠프에서 팔꿈치 이상이 발견되면서 1995년 프로 데뷔와 함께 곧바로 타자로 전향했기 때문이다.

그는 타고난 야구선수다. 당당한 체격과 타고난 손목 힘 등 부모가 물려준 자산이 남달랐다. 움직이는 물체를 포착하고 구분해내는 동체시력動體視力도 뛰어나다. 돌아가는 엘피판에 적힌 내용을 읽어낼 정도로 동체시력이 뛰어난 이승엽이 상대 투수들 구질球質을 파악하고 대처하는 데 유리할 수밖에 없다.

하지만 타고난 재능이 뛰어나다고 해도 열정과 노력 없이는 빛을 발하기 어렵다. 투수에서 타자로 변신한 이승엽은 박흥식·백인천·김성근 등 좋은 스승을 만나며 '홈런왕'으로 진화했다. 선배나 지도자들 조언을 자신 것으로 만들기 위해 새벽까지 땀을 흘리는 성실함은 이승엽이 대스타로 발돋움할 수 있는 디딤돌이 됐다. 이승엽이 텃세와 인종차별이 심했던 일본 프로야구에서 뛸 때 '진정한 노력은 결코 배신하지 않는다'는 자신의 좌우명을 모자에 적어 놓고 스스로 담금질했다는 일화는 많은 팬에게 감동을 안겼다.

이승엽은 성실과 배려의 아이콘으로 불린다. 쉽게 말해 인간성이 끝내준다는 얘기다. 2011년 일본 생활을 마치고 그가 삼성으로 복귀할 때 류중일 감독이 가장 높게 점수를 준 대목도 '인성人性'이었다. 이승엽은 400홈런을 친 다음 날 롯데 이종운 감독을 찾아갔다. 정면 승부를 통해 400홈런 기록을 달성할 수 있도록 해 준 부분에 대해 감사 인사를 전했다. 이 감독은 "이승엽은 인품이 다르다. 선수들에게 존경받는 이유가 있다"고 했다. 이승엽은 400홈런으로 받은 포상금 5,000만 원을 모교인 경상중학교에 기부했다. 류중일 삼성 감독은 "누구보다 일찍 경기장에 나와 묵묵히 훈련하는 이승엽을 보는 것만으로도 어린 선수들에겐 좋은 자극이 된다."고 했다. 이승엽 덕분에 삼성 선수들이 자만이나 나태에 빠지지 않고 통합 4연패를 달성할 수 있었다는 게 많은 전문가 평가다.

스포츠 스타들 가운데는 엄청난 명예와 부를 쌓은 선수들이 수두룩하다. 하지만 이승엽처럼 청소년들에게 "이 사람을 닮을 수 있도록 노력해 보라"고 권유하고 싶은 사례는 많지 않다. 올해 중학교 교과서에는 이승엽 인터뷰가 실렸다. 그는 "교과서에 실린 뒤 두 아이 아버지로서 또 다른 책임감을 느낀다"며, "더 열심히 하는 모습을 보여드리고 싶다"고 했다. '국민 타자'다운 마음가짐이다."

[출처: 조선일보 칼럼. 2015.06.12]

인생은 백 미터 달리기가 아니다. 인생은 마라톤이다. 비록 몇 분 늦게 출발하였더라도 꾸준히 달리다 보면 결승점에도 먼저 골인할 수 있다. 이렇듯 노력은 재능을 뛰어넘는다.

아인슈타인은 이렇게 말했다.

"나는 특별한 재능이 있었던 것은 아니다. 단지, 호기심이 왕성했을 뿐이다."

지금 당장 SNS 개인 프로필 문구를 바꿔보자.

"진정한 노력은 배신背信하지 않는다."

4

내가 작성한
보고서는 바로 내 얼굴이다

약 16년간 직장생활을 하면서, 상사에게 깨진 사유 중 대부분은 보고서 작성이었다. 사원이나 대리 때는 많이 혼나기도 했지만, 그만큼 많이 배우기도 했다. 현대자동차에 다닐 때는 특히 공문을 많이 썼다. 국내영업본부 본사에서 전국 지역본부와 지점으로 나가는 공문은 그 파급력이 매우 컸다. 월말 출고마감 지침 공문의 경우, 전국 약 1,000여 개 지점과 대리점이 수신처가 된다. 그만큼 문구 하나하나 선택이 매우 중요 했고, 오타 등이 없도록 해야 해서 신경이 많이 쓰였다. 그런 중요한 공문과 보고서 작성이 매우 유익한 경험이 되었다. 자찬自讚 같지만, 지금은 보고서를 제법 잘 쓴다는 칭찬을 받고 있다. 현재의 보고서 작성 능력은 솔직히 많이 깨져 본 결과이기도 하다.

보고서는 직장인 최고 아웃풋output이다. 판매자와 생산자 이름이 있듯이, 보고서도 작성자가 있다. 그리고 담당자란에 내 이름이 있다. 즉, Made By「김천희」다. 임직원 글쓰기 능력은 본인 직장 내 커뮤니케이션 역량이기도 하다. 사안에 대해 궁리하며 자기 나름대로 생각하고 그 생각을 조리 있게 주장하고 일리 있게 표현할 수 있기 때문이다. 또한, 보고서 작성 능력은 상사에게 총애 혹은 편애를 받을 수 있는 지름길이기도 하다.

그렇다면 어떻게 보고서를 잘 작성할 수 있을까?

첫째, 보고서는 간결해야 한다. '읽고 싶게, 읽기 쉽게'다. 난 정치가이기도 한 유시민 작가 글을 좋아한다. 그의 글은 명쾌하다. 군더더기가 없다. 어려운 내용도 매우 명료해서 또 읽고 싶어진다. 『유시민의 글쓰기 특강』에 나온 내용에서 그는 좋은 글을 쓰기 위해서 다음 네 가지에 유념하라고 강조한다.

첫째, 무슨 이야기를 하는지 주제가 분명해야 한다.
둘째, 그 주제를 다루는 데 꼭 필요한 사실과 중요한 정보를 담아야 한다.
셋째, 그 사실과 정보 사이에 어떤 관계가 있는지 분명하게 나타내야 한다.
넷째, 주제와 정보와 논리를 적절한 어휘와 문장으로 표현해야 한다.

나는 스펙보다 태도가 좋다

유시민 작가는 하나의 개념생각, 주장만 담는다는 글쓰기 원칙을 강조한다. 한 문장에 생각 하나를 담으면 저절로 단문이 된다. 그는 단문으로 쓰는 원칙에 전적으로 공감하며, 글을 쓸 때 다음과 같은 원칙을 따르려고 노력한다.

첫째, 문장을 되도록 짧고 간단하게 쓴다.
둘째, 군더더기를 없앤다.

직장인이 작성하는 문서는 무조건 명료해야 한다. 직장인이 쓰는 문서는 문학작품이 아니다. 보고서는 신속하고 정확한 의사결정을 위한 도구다. 그러므로 모호하거나 현학적인 표현은 금물이다. 비즈니스 문서 최대의 적은 모호함이다. 전문용어, 장황한 문장, 그들만이 아는 약어 등 애매한 표현은 절대 금물이다. 미사여구나 수식어, 애매한 표현도 마찬가지다. 다음은 군더더기를 없애야 한다. 보고서 문장에서 군더더기란 무엇이며 어떻게 알 수 있을까? 삭제해도 뜻을 전하는 데 큰 지장이 없으면 군더더기다. 굳이 없어도 되는 문구는 과감하게 없애자.

둘째, 임팩트 있는 보고서 작성이다. 임팩트가 있으려면 첫 페이지에서 끝내야 한다. 즉, 보고는 무조건 짧게, 보고서는 무조건 1페이지로 써야 한다. 혹시 부연할 것이 있으면 1페이지 보고서 뒤에 첨부하면 그만이다. 어떤 중요한 프로젝트라도 1페이지에 모든 것을 담아야 한다. 문서작성 이유가 의사결정임을 생각하면, 문서는 길어서 좋을 게 전혀 없다.

상사들, 특히 중역들은 너무 바쁜 사람이다. 내가 10시간에 걸쳐 보고서를 작성했는지는 몰라도, 상사는 그 보고서를 10초 안에 검토하고 파악하고 결재하려 한다. 실제로 기업체 경영자 중 45%가 경영 일선 자료보다 직관에 의존한다고 한다. 모든 보고서는 논리적이고 합리적으로 작성되어야 하지만 그 내용을 상사가 접하는 시점에서는 상사 직관을 자극하도록 강력한 임팩트를 발휘해야 한다.

셋째, 보고서에 대한 100가지 질문에 대한 예상 답변을 갖추고 있어야 한다. 보고 시 상사 질문에 머뭇거리거나, 틀린 대답은 아무리 좋은 보고서라도 B급일 수밖에 없다. 보고서에 혼을 안 들이고, 대충 써서 보고를 들어갔다가 낭패를 당할 수도 있다. 이것은 본인에게 치명적이다.

'기획안의 실제 기대 효과, 그로 인한 반대급부, 동종 타사 및 경쟁사 현황, 시행 시기, 해법에 대한 근거나 사례 제시, 예산 및 비용처리 방안, 시범운영 시행 필요성, 법 규정 등등······.'

한 가지 보고서에서 나올 수 있는 질문은 무궁무진하다. 프레젠테이션 후 질문을 받는 연사 자세로 만반의 준비를 하자. 아무리 강조해도 지나침이 없다. 그리고 보고 시 '결론'부터 말하자. 보고서가 임팩트가 있고 간결하다면, 보고 요령도 임팩트가 있어야 한다.

넷째, 보고 타이밍이다. 보고서는 타이밍의 예술이다. 보고서를 상사가 먼저 요청하여 제출하거나, 늦게 제출하는 경우 매우 큰 감점 요인이다. 상사가 가장 싫어하는 것은 상사가 궁금해할 때까지 아무런 행동도 취하지 않는 것이다. 더욱 나쁜 것은 지시와는 엉뚱한 보고서를 가지고 올 때다. 이를 위해서 보고서 작성 시 중간 및 수시 보고로 상사 의중을 맞춰야 한다. 다음에 중요한 것은 상사의 기분 파악이다. 상사가 아침에 출근하자마자 보고를 하는 것은 폭탄을 들고 들어가는 것과 같다. 아무래도 아침에는 날카로울 수도 있고, 전날 피로가 안 풀렸을 수도 있기 때문이다. 민감하고 어려운 보고일수록 상사의 기분과 상태가 최상일 때 보고를 해야 한다. 나는 오후 2~3시경을 잘 활용한다. 점심을 마치고서 다소 마음이 안정되고 나른할 때이기 때문이다. 물론, 아침에 보고를 좋아하는 상사라면 당연히 아침에 하는 것이 좋다. 상사에 따라 맞춤식 보고를 하도록 하자.

끝으로 퇴고, 즉 점검 또 점검이다. 1페이지 보고서에서 맞춤법 오류는 치명적이다. 나는 몰라도 상대방 눈에는 너무 잘 들어온다. 이러한 오류는 보고자의 업무 몰입도와 기본 실력까지 의심하게 한다.

보고서는 책 쓰기와도 똑같다. 초고 쓰기와 탈고 과정을 거쳐야만 한다. 그런데 많은 이들이 이것을 외면한다. 보고서를 다 쓰고 바로 제출하지 말자. 아직 한 과정이 더 남아있다. 그것은 보고서를 여러 차례 읽고 또 읽으며 검토하는 것이다. 동료에게 검토를 부탁해 보자. 아니면 다음 날 아침에 출근해서 맑은 정신에 한 번 더 검토해 보는 것이다. 이렇게 실수나 오류를 바로잡은 후에도 마지막으로 한 번 더 확인하는 습관을 들이자.

이렇듯 **내가 작성한 보고서는 바로 내 얼굴이다.** 그 보고서 안에는 글씨 외에 무언가가 더 있다. 내 업무 능력, 업무 몰입도, 협업 능력 등이다. 이 모든 것을 상사는 보고서를 통해 간파할 수 있다. 내 업무 성과의 척도인 보고서 작성을 위해서 수시로 글을 써보자. 일기도 좋고, 블로그도 좋다. 아니, 끼적끼적 낙서라도 자주 해 보자. 책을 쓰고 독후감을 써서 보고서 쓰기 근육을 단련하도록 하자.

나는 스펙보다 태도가 좋다

5

통! 통! 통!
通! 通! 通!

"통通에는 3가지 의미의 통通이 있습니다. 바로 의사소통, 만사형통, 운수대통입니다. 의사가 소통하면, 만사가 형통하고, 운수가 대통합니다. 우리 마케팅실도 소통을 통한 최고의 실이 되었으면 합니다.

제가 건배 제의로 '소통! 형통! 대통!'을 선창하면, 여러분들은 '통通! 통通! 통通!'을 외쳐주시기 바랍니다.

'소통! 형통! 대통!'

'통通! 통通! 통通!'"

최근 유행했던 건배사다. 소통이 결국 제일 중요하다는 것을 강조한 내용이다. 조직생활에서 소통이 가장 중요하다는 것은 삼척동자도 다 아는 사실이지만, 사실 제일 어려운 점이기도 하다.

갈등의 원천인 반감反感을 막는 절대 무기가 바로 소통이다. 회사 생존을 책임질 임직원 단결도 바로 소통의 힘이다. 그러나 수직적이고 제왕적인 조직 문화 속에서 임직원들은 자조적이고 수동적이게 마련이다.

오죽하면 '사축社畜·회사에 가축처럼 매인 신분'이라는 서글픈 용어마저 등장했을까? 『아, 보람 따위 됐으니 야근수당이나 주세요』의 저자 히노 에이타로는 사축社畜을 회사와 자신을 분리해서 생각하지 못하는 회사원으로 정의한다.

그리고 "아무리 우리가 사축으로 회사에 헌신해도 오늘날 회사는 당신 인생을 책임져주지 않는다"며 "결국 회사에 이용당하지 말고, 적절히 회사를 이용하자"라고 강조한다. 하지만 내 생각은 다르다. 궁극적으로 회사가 잘되어야 내가 잘되고, 내가 잘되어야 회사가 잘된다는 점에서 이 말은 맞지 않다. 결국 회사와 직원 간 소통 문제로 귀결된다.

취업포털 인크루트가 직장인 360명을 설문한 결과를 보면 매우 놀랍다. 직장인 10명 중 8명은 '꽉 막힌' 조직 문화 때문에 이직을 고려하는 것으로 조사됐기 때문이다.

직장인들은 특히 강압적인 의사전달과 폐쇄적 소통 방식34.9%을 힘

나는 스펙보다 태도가 좋다

들어했다. 이어 사내에서 암암리에 이루어지는 편 가르기25.2%와 목표 위주의 업무시스템10.9%을 견디기 힘든 조직 문화로 지적했다. 또 자신이 근무하는 회사 조직 문화를 긍정적으로 평가한 직장인은 24.9%에 불과했고, 나머지는 보통34.1%이거나 나쁘다40.9%고 인식하고 있었다.

최근 기업들이 조직 문화 개선을 위해 가족친화·양성평등을 내세우고 있지만 정작 직원들은 서열에 얽매이지 않는 편안한 관계26.9%가 우선 필요하다고 답했다. 이어 적절한 보상을 통한 업무 독려23.4%나 자율성15.8%·융통성16.5% 등 위축되지 않고 자유롭게 일할 수 있는 업무환경을 바라는 것으로 조사됐다.

조직 문화를 개선하는 가장 큰 방해 요소로는 상부조직26.9%을 꼽았다. 변화 필요성을 크게 느끼지 못하기 때문이라는 것이다. 오래 이어져 온 회사 내 악습21.6%과 사내 분위기를 흐리는 특정 인물19.7%도 조직 문화를 어지럽힌다고 답했다.

[출처: 중앙일보 기사. 2016.9.12]

예전에 팀장님이었던 S 총무팀장은 능력도 출중하시고, 성격도 매우 푸근하신 분이었다. 이 분 장점은 바로 소통이다. 수시로 갖는 팀 회식을 통해 팀원 갈등은 희석되고 심지어는 더 좋게 승화되었다. 평소 업무 시간에 말하기 어려운 것들을 팀 회식을 통해 수시로 말할 수 있었다. 물론 몸은 힘들었지만 말이다.

또한, 회의도 그리 많지 않았다. 회의가 많다고 해서 소통이 잘되는 조직은 아니다. 회의는 곧 업무의 연속이라 마음속에 있는 말이 잘 나오지 않기 때문이다. 지금도 S 총무팀장은 수시로 팀 회식을 하시며, 직원들과 소통을 즐기신다.

상사가 부하 직원에게 업무지시를 할 때, 부하 직원이 지시를 받는 태도 또한 매우 중요하다.

아침 회의 시간에 C 팀장은 팀원들을 소집했다.

"기획팀에서 우리 회사와 S사 간에 공동도급을 해서 3개년간 계약 금액을 조사해달라고 하는데, 오늘까지 할 수 있겠나?"
김 대리가 즉시 대답을 했다.
"부장님. 그것은 기획팀에서도 할 수 있는 업무라 우리가 할 필요가 없습니다."
잠시 정적이 흐른 후, 홍 대리가 말문을 연다.
"네, 알겠습니다. 오늘 오전에 입찰 일정이 있지만, 입찰을 마치고 오후까지 해 보겠습니다."

처음부터 거절하거나 변명하면 상사는 거부감을 느낀다. 무리한 업무지시나 부탁을 할 수밖에 없는 팀장 역시 팀원들이 거절할 것에 대한 막연한 두려움이 있다. 그러나 팀원의 "Yes"를 듣는 순간 두려움은 반감半減된다. 그러니 설령, 부당한 업무지시일지라도 처음부터 거절하는 것은 옳지 않다.
그렇다고 무조건 예스맨이 되라는 것은 아니다. 불가능하다고 판단

나는 스펙보다 태도가 좋다

이 되어 도저히 할 수 없을 때는 바로 'Yes, But' 화법을 구사해 보자. 혹시라도 팀원들이 거절해도 "Yes" 다음에 "But"이라고 말하면서 거절하면 훨씬 이성적으로 듣게 된다. 어려운 상황에서 자신 의견을 명확히 전달하고, 팀장과 원활한 소통을 이끌어서 가능한 영역 내에서 최고의 결과를 끌어내는 모습이 진정한 프로다.

소통에 대한 기법이나 방법은 수많은 자기계발서에서 이미 많이 소개되었다. 하지만 진정한 소통을 하려면 우선 나를 내려놓는 게 먼저인 듯하다. 내 몸에 가득한 힘을 빼고, 어린아이에게 대화하고 말을 끌어내듯이 소통한다면 어떨까?

우리는 나이가 차고, 직위가 올라가면 그에 합당한 대우를 받으려 한다. 기대에 걸맞지 않은 대우를 받게 되면 마음속에서 부글부글 속이 끓는다. 그러면 상대방과 소통은 더더욱 힘들게 된다.

우리는 어린아이와 대화할 때 큰 기대를 하거나, 대우를 받으려 하지는 않는다. 그저 그 상황 속에서 사람과 사람과의 대화만 있을 뿐이다. 이렇듯 큰 기대를 하지 말고, 서로 대화하고 소통을 한다면 오히려 더 큰 효과가 있을 것이다.

상대방에게 큰 기대를 하지 말자. 큰 기대 속에 돌아오는 것은 결국 상처뿐이다. **몸에 힘을 빼고서 가뿐히 상대방에게 먼저 다가서 보자. 마치 어린아이에게 속삭이듯이.**

6

부장님!
술 한 잔 사주실래요?

"부장님! 술 한 잔 사주실래요?" 부하 직원에게 이 말을 듣고서, 술을 안 사주시는 팀장이 과연 있을까? 정말 바쁘거나 약속이 없다면 대개 응할 것이다. 나도 후배가 먼저 다가와서 한잔하자고 한다면 절대 거절을 못 한다. 술자리에서 자신만의 비밀과 고민을 허심탄회하게 털어놓고, 도움을 요청한다면 안 도와줄 수가 없다. 오히려, 더 잘해 주고 싶고, 내가 할 수 없는 일이라면 다른 인맥을 동원해서라도 도와줄 것이다.

요즘은 상사가 부하 직원에게 술자리를 제안하는 것만으로도 '꼰대'

나는 스펙보다 태도가 좋다

가 되는 풍조다. 물론 술을 못 마시는 직원에게 억지로 술을 먹이거나, 밤늦게까지 부하 직원을 데리고 2차, 3차를 다닌다면 '꼰대'라고 비난받을 수도 있다. 그러나 서로 예의를 잃지 않고, 마음을 나누는 회식은 깊은 대화를 나누는 장으로써 꼭 필요하다. 공식적인 자리에서 내보일 수 없었던 속마음과 생각을 술자리에서 이야기함으로써 관계가 더 친밀해지고 팀워크도 돈독해진다.

현대자동차에 다닐 때 일이다. 그 당시 인사실에는 대학교 선배님이었던 부장님께서 근무하고 계셨다. 예전 같은 본부에서 함께 근무도 해서, 나름대로 친분이 있다고 생각을 했다. 그날은 해외주재원들이 본사로 들어가서 건강검진과 영어시험을 치르는 날이었다. 저녁에 인사·총무 주재원들과 회식자리에서 부장님께 친밀하게 인사를 드렸지만, 그분 첫 말씀이 아직도 기억에 남는다.

"김 과장! 네가 나한테 언제 술 한 잔 사달라고 한 적이 있었니?"

나는 그 말을 듣고 순간 아찔했다. 솔직히 나 혼자 부담스러웠던 것이었다. 먼저 연락드리면 괜한 인사고충을 얘기한다는 인상을 받으실까 해서였다. 내가 먼저 관계의 장막을 친 것이었다. 다가서기 어렵고 불편하더라도 먼저 다가서는 것이 중요하다. 바로 관계의 우위성을 만들 수 있기 때문이다.

윗사람, 즉 상사의 경우 조직에서 어느 정도 자리를 잡았고, 권력을 행사할 수 있는 위치에 있기 때문에 아쉬울 게 없다. 주위에 성공한 사람들을 보라. 혼자만의 능력으로 최고의 자리에 우뚝 선 사람은 별로 없다. 그의 앞에는 항상 밀어주고 끌어주는 상사가 있기 마련이다. 윗사람들이 시행착오로 겪은 노하우를 이어받고, 그들 인맥 또한 활용할 필요가 있다.

과연, 그들이 땅따먹기로 상사 마음을 사로잡았을까? 윗사람 마음을 얻기 위해 엄청난 시간과 노력을 투자했을 것이다. 상사를 불신하고 따르지 않는 부하 직원과 싹싹하고 진심으로 존중해 주는 부하 직원 중 당신은 누구를 택할 것인가? 누구를 선택할지는 분명하다.

부하 고민을 외면하는 상사는 없다. 따라서, '전략적으로 상사와 술자리를 가진다'는 것은 매우 중요하다. 상사와 함께 술을 마시면, 평소 팀장의 생각이나 나에 대한 기대 또는 우려 등을 파악할 수 있다. 반대로 평소 내가 가진 생각이나 상담하고 싶은 이야기도 가볍게 꺼낼 수 있다. 회의실에서는 말하기 어려운 속마음도 서로에게 내보일 수 있다. 또한, 회사에서는 들을 수 없는 영양가 있는 조언을 술자리에서 듣게 될 수도 있고, 신입으로서는 알 수 없는 회사에 대한 고급 정보를 얻기도 한다. 따라서 상사에게 술자리를 제안하는 용기는 일거양득인 셈이다. 다음과 같이 긍정적이고 구체적인 상담 내용이 있다는 사실을 얘기하면 상사도 기꺼이 시간을 내줄 것이다.

"팀장님, 이번에 맡은 보고서 작성에, 관련 네트워크를 활용코자 하는데요. 조언 좀 해 주시겠어요?"

나는 스펙보다 태도가 좋다

"다음 달에 업계 첫 모임이 있는데요. 어떻게 접근해야 할까요?"

아니면, 거두절미하고 그냥 솔직히 말해도 좋다.
"부장님. 시원한 맥주 한잔 어떠신지요?"

자! 상사를 술자리에 모셨다면 이제는 실전이다. 몇 가지 노하우를 전수하겠다.

첫째, 절대로 내가 먼저 취하면 안 된다. 회식자리에서 몇 잔 술잔이 돌고 나면, 꼭 조는 사람이 있다. 상사 입장에서는 정말 맥이 빠진다. 물론, 술이 약해서 그런 건 어쩔 수 없다. 하지만 상사 앞에서의 자리는 본인이 페이스를 조절해야 한다. 정신력으로라도 버텨야 한다. 술자리가 끝나면, 사전에 대리기사를 부르자. 대중교통을 이용한다면, 택시도 잡아드리자. 모바일 앱을 이용해서 사전에 부르는 것도 좋은 방법이다. 여기서 주의할 것은 내 방향의 택시가 먼저 왔다고 해서 내가 먼저 가면 절대 안 된다는 것이다.

다음은 감사 문자를 보내는 것이다. 타이밍은 술자리를 마친 후, 약 30분 후가 딱 좋다.

"팀장님, 덕분에 오늘 좋은 말씀 많이 들었습니다. 많이 부족하지만, 앞으로 더욱 열심히 하겠습니다. 조심히 들어가시고요."

다음 날, 아침에 커피 한잔이나 건강음료 등을 챙기기까지 한다면

100점 만점에 200점이다.

둘째, '이 친구, 왠지 괜찮은 친구네'라는 생각이 들게 하자.

팀장님과의 술자리에서 먼저 일부터 얘기하는 것은 옳지 않다. 무언가를 얻으려 하는 태도는 역효과를 낼 뿐이다. 회식 목적 중 하나는 자신의 존재감을 상대방에게 각인시키는 것이다. 회식을 하면 한, 두 시간 동안 같은 공간에서 함께 시간을 보내게 된다. 그 정도 시간이라면 상대방 성품을 더 잘 알게 되고, 자신 성품도 상대방에게 알리게 된다. 이를테면, 상대방에게 당신이 화제가 풍부하고 매력적인 사람, 그리고 인간적인 사람이라고 인식시킬 수 있다.

당신 존재감을 깊게 각인시키려면 무엇보다도 자신의 인간적인 면모를 내보이는 것이 좋다. 본인 성공담과 실패담, 본인 약점 등을 허심탄회하게 얘기해도 좋다. 말과 행동, 배려심, 매너, 대화 내용 등을 통해 좋은 인상을 남기면 자연스레 "이 친구, 참 괜찮네."라는 느낌을 줄 수 있다.

셋째, 술자리에서 말할 대화 내용과 건배 제의는 미리 준비하자.

정말 중요한 자리에서 횡설수설하는 것은 안 하느니 못하다. 그리고 쓸데없는 말, 오해를 살 말도 할 필요가 없다. 또한, 회사에 대한 불만, 상사에 대한 불만은 절대 금물이다. 아무리, 좋은 상사라고 해도, 아래 사람한테서 본인에 대한 불만을 듣는 것은 결코 유쾌하지 않다.

최대한 경청을 많이 하자. 특히, 상사들의 경우, 본인 성공담이나 장점 등을 후배 사원들에게 말해 주는 경향이 있다. 이럴 때, 최대한 반

나는 스펙보다 태도가 좋다

응하여 긍정적인 모습을 보이자. 누구나 자신의 노력을 구체적으로 알아줬으면 하는 마음이 있다. 어떤 점에서 감동하였는지 구체적으로 상대방이 원하는 반응을 해 보자.

건배 제의는 사전에 미리 준비하는 것이 좋다. 갑자기 상사가 시켜서 우물쭈물하면 하수다. 자동 반사적으로 자신 있게 해야 분위기가 산다. 건배 제의 문구는 그 상황에 맞는 게 제일 좋다. 인터넷에서 나오는 누구나 다 아는 건배 제의는 진정성이 없다. 그날 분위기나 개인 경험에 맞춰 이야기가 있는 건배사를 해 주면 좋다.

팀장님이 스트레스를 받고 있을 때,
"팀장님! 힘내세요!"라고 외친다면 어떤 건배 용어보다 감동적일 수 있다.

혹시라도 상사가 먼저 '한잔할래?'라고 물었다면 만사 제쳐놓고 참가하자. 그건 의미 있는 술자리가 될 수 있다고 생각해도 좋다. 인생 선배이기도 한 상사의 삶을 조금 더 이해하게 되고, 같이 일하는 것이 조금 더 매끄러워지는 계기가 될 수도 있다. 그러니 부디 그런 기회를 놓치지 말자.

아무리 SNS와 메일 등의 소통 창구가 넘치더라도, 그래도 최고의 자리는 술자리다. 면面 대 면面의 자리, 시간과 장소를 공유하는 자리, 술을 통한 소통은 너 없이 효과가 크다. 자, 오늘 용기 내서 말해 보자!

"부장님! 술 한 잔 사주실래요?"

7

상사가 시킨
일부터 먼저 하자

매일 아침 출근해서 가장 먼저 하는 일은 다이어리를 펼치고 오늘 해야 할 일들과 업무 우선순위를 체크하는 것이다. 나 같은 경우는 전날에 다음날 일일 업무 계획표를 다이어리에 작성한다. 그리고 당일 아침에 다이어리를 보면서 계획을 수정하기도 한다. 하지만 업무가 내가 원한 대로 진행되는 경우는 그리 많지 않다. 갑작스러운 외근도 있고, 팀장님의 오더 수명受命, 회의, 메일 등 중간에 들어오는 일이 더 많기 때문이다.

회사에서 보면 자기 일을 먼저하고, 상사가 시킨 일은 다음에 하는 경우가 있다. 내가 러시아 해외주재원으로 있을 때도, 러시아 현지 직원들 경우 자기 일을 먼저하고, 팀장의 업무를 나중에 하는 경향이 있었다. 본인의 중요한 업무라기보다는 일상 업무거나 단순 업무였다.

입장을 바꿔보자. 내가 팀장이라면 어떨까? 내가 시키는 일을 우선 실행하고 보고하기를 바랄 것이다. 업무는 신속성과 정확성이 생명이다. 상사가 시킨 일은 하늘이 두 쪽이 나도 최소한 다음 날에는 1차 보고를 해야 한다. 물론 이 단계에서 100점짜리 보고서가 나오기를 기대하기는 어렵다. 1차 보고 때에는 상사의 업무지시 방향성과 요청사항을 재확인받는 단계다. 즉, 완성도와 방향성을 높이기 위한 보고를 위한 단계다.

그러나 대부분 1차 보고를 거치지 않고, 본인이 며칠이고 완벽한 상태로 보고하기 위해 계속 끙끙대며 잡아두는 경우가 많다. 이런 경우는 서로 힘들다. 상사는 그동안 애가 타고, 팀원은 상사가 요청하는 바가 아닌 엉뚱한 보고서를 쓸 가능성이 크기 때문이다. 반드시, 1차 보고를 하고, 다음 단계를 거치도록 하자.

우선순위는 영어로 priority라고 한다. 어떤 목표나 과제, 일이 다른 것보다 더 중요해서 우선 처리해야 한다는 뜻이다. 우선순위를 잘 결정하는 일은 직장생활에서 매우 중요하다. 아니 인생에서도 매우 중요한 가치다. 우리나라 사람들은 일을 당연히 우선으로 생각하는 경향이 있는데, 일이냐 가정이냐 문제는 우리가 늘 마주치는 사항이기도 하다. 우선순위를 잘 결정하면 일을 더 효율적으로 할 수 있고, 좋은 성과를 기대할 수 있다. 반면에 우선순위를 잘못 결정하면 일도 망치고, 나아가 회사에 손해도 끼칠 수 있다. 건설업은 특히, 인적 자원이 매우 중요한 분야이기도 하다. 건설현장은 현장 시행률로 사업관리를 가늠할 수 있다. 예를 들어, 90% 현장 시행률이라면, 최초 발주한 공사금액에서 일반관리비를 모두 제외하고 10%가 남는 것을 뜻한다. 현장소장 및 배치 기술자들의 의사결정과 업무 우선순위에 따라 현장 시행률이 크게 달라질 수 있다. 자재 투입 시기, 인력 투입 시기, 공정 관리 등은 모두 사람의 의사결정으로 진행되며, 이 모든 업무 우선순위 정하기는 수익성과 바로 직결된다.

다음은 우선순위 중요성의 또 다른 예다.

1995년 6월 30일, 삼풍백화점이 붕괴하여 1,500여 명의 사상자를 냈다. 그때 의료진은 사람들을 어떻게 구출해야 할지 몰라 갈팡질팡했다. 환자가 대량 발생했을 때, 가장 중요한 일은 현장에서 신속하게 환자를 분류하는 것이다. 긴급, 응급, 비응급, 자연사망자 순으로 이동 순서를 정한 뒤 구급차가 오는 대로 이송해야 한다. 긴급 중증환자를 가장 가까운 대학병원으로 옮기고, 경증환자는 멀리 떨어진 병원으로 이송해야 한다. 죽은 자에게는 미안하지만, 사망자는 가장 나중에 이송해야 한다. 살릴 수 있는 사람부터 빨리 이송해야 하기 때문이다. 하지만 그날 현장에서는 이런 원칙이 전혀 지켜지지 않았다고 한다. 중증환자와 경증환자가 뒤섞여 아비규환이었다. 우선순위에 대한 기본 규칙만 지켰어도 더 많은 생명을 살렸을 것이다. 그 당시 안전 개념이 없어서 일어났던 또 하나의 흑역사다.

　그렇다면 업무 우선순위는 어떻게 정해야 할까? 당연히 심사숙고해야 할 일이다. 순간적인 감정으로 급하게 결정하면 큰 낭패를 볼 수도 있다. 중요한 일을 당연히 긴급한 일보다 먼저 다루어야 한다. 중요한 일은 목표 및 업무 성과와 연관되어 있다. 급한 일은 시간과 관계되어 있다. 대부분 직장 업무는 일의 경輕, 중重, 완緩, 급急으로 구분된다. 시간 낭비에 불과한 것까지 포함해서 다섯 가지로 구분해 볼 수 있다.

　1) 중요하면서 긴급한 일
　　상사가 시킨 일, 경영층 회의, 입찰, 수주, 월말마감 등
　2) 중요하면서 긴급하지는 않은 일
　　신입사원 교육OJT, 정례회의, 재테크 등
　3) 긴급하지만, 중요하지는 않은 일
　　메일 체크, 전화 응대 등
　4) 중요하지도 않고, 긴급하지도 않은 일
　　잡무, 인터넷 등
　5) 시간 낭비에 불과한 일
　　잡담, 흡연, 불필요한 모임 등

　마감을 요구하는 입찰을 본다든가, 상사 업무를 처리하는 것은 긴급한 일에 속한다. 반면, 건강을 지키기 위해 운동하거나, 자기계발 등은 중요한 일에 속한다. 대부분 직원이 긴급한 일을 우선시하지만, 이

는 장기적으로는 좋지 않다. 중요하지만 긴급하지 않은 일은 궁극적으로도 미래를 위한 투자이기 때문이다.

우선순위를 잘 지키려면 본인만의 철학과 강한 의지력이 수반되어야 한다. 여기저기서 치고 들어오고, 우선 해달라는 요청사항들을 잠시 재워놓고 우선순위 업무를 수행해야 한다. 자신만의 의지와 정당성이 매우 중요하며, 당연히, 상사가 시킨 일은 가장 우선순위가 된다.

다음으로 '선택과 집중'이다. 무조건 열심히 하는 것보다는 효율성을 타진하는 것이 좋다. 적은 시간과 적은 노력으로 최대한의 효과를 얻는 방법을 찾아야 한다. 파레토의 법칙은 이를 잘 설명해 준다.

파레토의 법칙은 이탈리아 경제학자이며 통계학자였던 빌프레도 파레토가 1906년에 발표한, 우리 행위 20%가 80% 가치를 낳는 현상을 뜻한다. 20% 사람들이 사회 전체 부의 80%를 차지하고, 나머지 20% 부는 80% 사람들이 나누어 갖는다는 말이다. 파레토의 법칙은 시간 관리에도 매우 유용하다. 업무 성과의 80%는 근무시간 중 집중력을 발휘한 20%의 시간에 이루어진다. 많은 회사가 '집중근무 시간제'를 활용하여 낭비되고 있는 시간을 줄이고 있다. 우리 회사도 아침 8시 30분부터 11시까지, 오후에는 1시 30분부터 3시까지 집중근무제를 운용하고 있다. 이때에는 전화, 회의, 업무지시 등이 자발적으로 통제된다.

나는 스펙보다 태도가 좋다

처음에는 불편하기도 했지만, 막상 시행해 보니 그 효과가 놀랍다. 이 시간 동안 집중하면 그럴듯한 보고서가 완료되고, 공문 작성 업무가 금방 끝나 버리기도 한다. 여기저기 전화받고, 회의하면서 종일 했던 업무를 단 몇 시간 만에 끝낼 수 있게 된 것이다. '선택과 집중'의 원리는 이처럼 효율적이다.

직장생활은 선택과 결정의 연속이다. 사소한 것부터 중차대한 일까지 모든 것을 우리는 선택하고 결정해야 한다. 일의 경輕, 중重, 완緩, 급急을 잘 판단하고, 선택과 집중을 통해 업무를 처리하도록 하자. 만약 그게 어렵다면, 이거라도 확실히 하자. 상사가 시킨 일부터 제일 먼저, 완벽히 하는 것이다. 이것만 잘해도 당신은 강력한 경쟁력을 가질 수 있게 된다.

8

인사이더
와 아웃사이더

파도에 의해 해안으로 수송된 물은 표층에서는 해안에 따라 평행하게 흐르는 연안류를 이룬다. 반면 수면 아래에서는 바다 쪽으로 나가는 강한 흐름을 형성하는데, 이 흐름을 이안류라고 한다. 즉, 이안류는 해안에서 바다 쪽으로 흐르는 유속이 빠르고 폭이 좁은 해류를 말한다. 이는 날씨가 좋아도 해수욕을 즐기는 사람에게 큰 위협으로 다가올 수 있다. 이안류가 무서운 이유는 피서객들이 이것에 대한 이해가 부족하기 때문이다.

이안류가 발생하면 수영을 아무리 잘한다 해도 이안류에서 빠져나

나는 스펙보다 태도가 좋다

오기 힘들다. 오히려 체력만 소진할 수 있어 굉장히 위험하다. 그 골에서 조금 벗어나거나 빗겨나면 되는데, 모르는 사람들은 직선으로 헤엄쳐 들어오려고 애쓴다. 그러나 죽을 용을 써도 물 흐름을 인간의 수영으로는 이겨낼 수는 없다.

당장 어려운 것을 정면 돌파하려면 더 힘들 때도 있다. 삶이 이안류에 걸린 것이다. 그때는 옆으로 비켜나거나, 방향을 다른 곳으로 틀어야 살아갈 수 있다. 정면 돌파만이 꼭 정답은 아니다.

하지만 꼭 중앙으로 들어와 정면 돌파를 해야만 하는 것이 있다. 그것이 바로 성공이다. 우수한 집단에는 아웃사이더들이 별로 없다. 회사 핵심부서라면 대부분 인사이더들이다. 성공은 인사이더 가운데서도 몇 사람만이 하는 것이다. 성공하려면 주위를 빙빙 겉돌지 말고, 중앙으로 들어가야만 한다.

학교든 회사든 간에 이 두 집단은 분명히 존재한다. 아웃사이더들 외침도 무시할 수는 없겠지만, 이 세상을 이끌고 나가는 이들은 인사이더들이다. 특히, 뒤에서 수군대고 남을 헐뜯으며 나서지도 않는 이들은 회사에서 경계할 부류다.

이 세상의 중심은 나로부터 시작된다. 타인 말이나 책 혹은 강연에서 하는 이야기는 결코 그들만의 것이 아니다. 이 세상은 나로 인해 돌아간다. 내가 없으면 삶이라는 영화는 끝이 난다. 우리는 타인의 삶을 보조하는 조연과 엑스트라가 아닌 내 삶의 오롯한 주연배우라는 것을 인식할 필요가 있다.

그렇다면 인생의 주연배우인 인사이더가 되려면 어떻게 해야 할까? 소소한 것부터 시작해 보자.

첫째, 중앙에서 만찬을 즐기자.

직장생활에서 회식은 매우 중요하다. 업무를 떠나 인간적인 면모를 볼 수 있고, 서로 더 친해질 수가 있다. 상사 입장에서는 부하 직원의 또 다른 모습을 볼 수 있고, 부하는 상사와 친해질 수 있는 절호의 기회다. 그런데 일은 잘하는데 만찬을 즐길 줄 모르는 직장인이 뜻밖에 많다.

회식이 시작할 때 쭈뼛쭈뼛하며 서 있다가 상사가 중앙에 앉으면 최대한 멀리 구석에 앉는 경우가 많다. 무슨 죄를 지었는가? 성공하고 싶다면 만찬을 즐길 줄 알아야 한다. 한쪽 구석에서 지방 방송을 하거나, 하품이나 하면서 앉아 있지 말자. 좌석 배치가 정해지지 않았다면 중앙에 앉도록 하자. 중앙에는 회사의 핵심인물, 인사이더가 모여 있다. 그 틈에 끼어 적당히 분위기도 즐기고 상사와 친분도 더 쌓자. 친분은 술자리에서 싹튼다.

임원들은 팀장들 의견보다, 오히려 사원, 대리의 신선하고 기발한 생각과 느낌을 더 궁금해한다. 사원, 대리일수록 중앙에서 당당히 만찬을 즐기도록 하자. 친분 있는 사람이 일까지 잘한다면 정말 금상첨화다.

둘째, 지나친 겸손을 버리자.

지나친 겸손은 비호감으로 가는 지름길이다. 프레젠테이션 때 "제가

나는 스펙보다 태도가 좋다

말을 너무 못해서요.", "제가 발표를 잘 못 하더라도 양해 바랍니다." 하고 한 수 접고 들어가는 경우가 있다. 굳이 이런 말은 발표할 때 도움이 되지 않는다. 아무리 발표를 잘해도, 이런 말로 인해서 청중은 더 안 좋게 인식을 해버린다.

"이런 누추한 곳에 모셔서 죄송합니다만……"라고 말하는 경우도 있다. 개인적인 관계에서도 "아냐, 너에 비하면 난 정말 아무것도 아니지"라는 말을 자주 하는 친구가 있다면 악의없이 "그렇게 생각하면 노력을 좀 해 봐!"라고 말하고 싶은 생각이 들 때도 있을 것이다.

상대방 기분을 살려 주기 위해서는 자신을 낮추는 것이 효과적이다. 하지만 위의 사례들처럼 지나치게 자신을 낮추는 것은 옳지 않다.

본인이 약속 장소를 결정한 경우 "여기는 아주 유명한 맛집입니다. 어렵게 발굴했습니다. 마음에 드셨으면 좋겠는데요" 하고 자신감 있게 말하는 것이 상대방에게 더 호감을 준다.

'아! 나를 위해서 맛집을 찾으려고 고생했구나!'

이런 좋은 인상을 주게 된다.

거래처나 발주처에 조그만 선물을 건넬 때도 마찬가지다. 흔히, "보잘것없는 것인데요"라는 말을 자주 사용한다. 그러나 이런 말은 별로 환영받지 못한다.

"색깔이 마음에 들었으면 합니다. 괜찮으시다면 받아주세요."

이런 말이 서로 간의 호감을 높여 줄 수 있다. 말 한마디에, 당신 인상이 결정될 수도 있다.

셋째, 인생을 즐기자.

열심히 하는 사람이 A급이라면, 즐기는 사람은 S급이다. 가장 무서운 사람은 즐기는 사람이다. 사내 강의를 할 때, 보고서를 작성할 때, 회의할 때 그 순간을 즐긴다면 어떨까? 시간 가는 줄도 모르고, 열정적으로 매진하게 될 것이다.

리우 올림픽에서 믿기 힘든 대역전극으로 금메달을 딴 남자 에페 박상영은 "올림픽은 최고의 축제이니, 마지막 순간까지 즐기겠다는 생각을 했다"고 말했다. 그가 5연속 득점으로 4점 차 열세를 뒤집는 마지막 2분 24초는 절대 몰입의 경지였다. 다 잡은 승리를 놓친 헝가리 선수는 "어찌해 볼 도리가 없었다."고 했다.

타이거 우즈, 마이클 조던, 베컴 등 당대 최고 스타들은 '승부를 즐긴다'는 말을 자주 했다. 마음을 내려놓고 몰입의 경지에 최대한 오래 머물고 싶다는 뜻이다. 큰 점수 차를 잘 따라가다가도 의문과 기대가 슬며시 고개를 들며 마음의 평정이 깨지고 고비를 넘지 못하는 경우가 많다. 박상영 선수 사례는 스무 살 박상영이 펜싱을 즐기는 법을 제대로 보여준 사례라 하겠다.

특히, 위기 순간을 즐겨야 한다. 배를 타고 긴 항해를 하면서, 항상 맑은 날만 계속되기를 바란다면 그건 하수다. 태풍도 만날 수 있고 집채 같은 파도와 마주칠 수도 있다. 직장생활도 마찬가지다. 순조롭게 진행되던 일이 어느 순간에 이르면 위기에 직면하게 된다. 성공하는 사람은 위기 순간에 강한 의지와 냉철한 판단력으로 풍전등화와 같은 절체절명의 위기를 벗어나는 자들이다.

인생은 돌고 돈다. 내가 핵심부서에 있을 수도 있고, 한직에서 근무할 수도 있다. 내가 회사 실세가 될 수도 있고, 월급 벌레가 될 수도 있다. 위기 순간에 좌절하지 말고, 위기 상황을 두려워하지 말자. 어설프게 피하려 들다가 더 큰 상처를 입을 수 있다. 어차피 피할 수 없는 위기라면 온몸으로 부딪쳐라.

위기를 즐길 줄 알아야만 성공할 수 있다. 어렵고 힘들 때면 이 사실을 떠올리자. 성공한 사람들은 무수한 위기를 넘겨왔다는 것을 말이다.

우리는 자신이 인생의 주연배우임을 잊고 사는 듯하다. 그 때문에 대부분 남의 인생에 조연으로 출연해 살고 있다. 다른 이들에게 조연과 같은 대우를 받다 보니 자신이 주연배우라는 사실을 망각하고 그저 평생을 조연으로 살아간다. 이 인생이라는 영화는 당신이 주연배우다. 당신이 없다면, 이 영화는 끝나게 된다. 당신은 결코 타인의 삶이라는 영화 조연, 엑스트라가 아니다. 되도록, '인사이더'가 되자.

9

나를
마케팅하라!

"과장님. PR(Public Relation)의 가장 중요한 원칙은 무엇인가요?"

"PR은 홍보를 포함하는 개념인데, 그야 당연히 피할 것은 피하고, 알리고 싶은 것은 알리는 것이지. 그래서 이 말을 줄여서 '피, 알'이라고 하는 거야"

사원 때 팀 워킹그룹장이었던 과장님과의 실제 대화였다. 그분은 업무 외에도 항상 의전과 홍보 업무의 중요성을 강조하셨던 분이다. 나를 알리지 못하면, 아무도 못 알아준다는 것을 항상 후배들에게 강조하곤 했었다. 사원 3년 차였던 그 당시에는 그 말이 잘 이해가 가질 않았었지만, 지금은 누구보다 잘 알 것 같다.

이제는 제품만 마케팅하는 시대는 지났고, 나를 마케팅하는 시대다. 베스트셀러는 어떤 걸 베스트셀러라고 할까? 과연 작가가 재미있고 유익하게 잘 쓴 책이 베스트셀러가 될까? 그건 아니다. 잘 팔리는 책이 바로 베스트셀러가 된다. 작가가 글을 잘 쓰는 것도 중요하지만 어떻게 잘 팔릴 수 있는가가 중요하다.

식당도 마찬가지다. 음식 맛과 양질의 서비스는 기본이다. 그러나 그 음식점을 알려서 그 맛을 소비자들에게 알리는 노력이 더욱 중요하다. 그래서 파워블로거 역할이 점점 더 중요해지고 있고, SNS와 블로그를 통한 마케팅이 매우 중요한 시대가 되었다. 사람도 마찬가지다. 나를 스스로 마케팅하는 사람이 결국 직장과 사회에서 성공을 얻는다.

중학교 2학년 때였다. 난 늘 조용하고 얌전한 학생이라 그리 눈에 띄질 않았다. 우리 학교는 남녀공학이었고, 영어 특성화 학교였다. 매주 토요일에 원어민 선생님과 영어 특별 수업이 있었다. 그 수업은 매주 반별로 돌아가면서 진행되었다. 전교에 생중계되는 방송 수업이라, 수업 때 발표를 하거나 원어민 선생님과 인터뷰를 하여 전교에 내 이름을 알릴 기회이기도 했다.

드디어, 우리 반 차례가 되었다. 난 미리 발표 준비를 했고, 많은 준비로 수업시간에 자신 있게 발표할 수 있었다. 그 이후로 난 학교에서 유명 스타가 되었다. 항상 이성 간에 관심이 많던 나이라, 갑자기 뉴페이스가 등장하니 여학생들 사이에서 난리가 난 것이었다. 비록 사내 방송이었지만, 방송 출연 위력을 실감할 수 있었다.

현대자동차 사원 때 일이다. 회사 홍보 포스터 모델은 항상 내가 도맡곤 했었다. 포스터 하단에는 판매 목표 달성과 시장점유율 향상을 위한 구호가 있었고, 사진 속 나는 가방을 들고 역동적으로 뛰는 모습으로 그려졌다. 그 포스터가 전국 천여 개 지점, 대리점에 배포되었고, 지방 어느 지점에서도 날 알아보고 반가워해 주었다.

"아, 혹시 회사 포스터에 나온 그분 아니신가요?"
"네, 맞습니다."
"우리 지점 쇼룸에 포스터가 붙어 있어서 매일 보고 있답니다. 반갑습니다."

그 이후에도 여러 장 포스터를 찍을 수 있었고, 국내영업본부에서 가장 큰 행사인 판매촉진대회에서 직급별 대표로 판매 각오를 다짐하는 영상 촬영도 했었다. 이런 일련의 모델(?) 활동으로 지방의 잘 모르는 지점장님, 업무과장들과도 쉽게 친숙해질 수 있었고, 사내에서도 더원활한 소통을 할 수 있었다.

최근의 일이다. 2016년 초에 주경야독을 마치고 대학원 석사 학위를 받았다. 그 결실인 석사 학위 논문 약 백여 권 정도를 제본해서 본부장님, 실장님, 팀장님들과 관련 직원들에게 모두 배포했다. 회사 내에서 그 분야 전문가로 거듭날 수 있었던 순간이었다. 그리고 정부기관, 공공기관 등의 외부 관계자들에게 논문을 증정하여 회사와 나를 알릴 수 있었다. 정부기관에서는 민간 지식을 공유할 수 있어 좋고, 당사 입장에서도 자연스럽게 홍보할 수 있어 좋았다. 내 이름으로 된 책을 준다는 것은 나와 회사를 위한 최고의 홍보이며, 가장 확실한 자기소개다.

이제는 논문이 아닌 내 이름으로 된 책을 또 쓰고 있다. 내 인생 버킷리스트 중 하나인 책 쓰기가 드디어 결실을 보게 됐다. 책을 쓰면 이젠 독자가 아닌, 작가 입장에서 책을 읽을 수 있는 놀라운 힘이 생긴다. 직장인이라 항상 부족한 시간을 쪼개 책을 읽으면서 지식을 쌓는다. 그것을 바탕으로 책을 출간하는 것은 나만의 차별성이고, 다른 사람들이 갖지 못한 경쟁력이다. 책은 최고의 마케팅 도구다.

그렇다면, 나를 마케팅하는 방법은 무엇일까?

첫 번째는 '나를 먼저 아는 것'이다. 나는 지금 어디쯤 와 있는가? 자신을 제대로 안다는 것은 타인이 본 나와 자기가 본 나를 포함하여 있는 그대로의 나를 관찰하는 일에서부터 시작한다.

그리고 '내 강점과 내가 특별히 잘하는 일'을 찾자. 종이에 당신 강점을 적어 보는 것도 좋은 방법이다. 당신을 알고 있는 주변 사람들이 어떤 문제에 부딪혔을 때 당신에게 묻는다면, 당신에게는 그런 문제를 해결하는 능력이 강점일 수 있다. 또한 후배들이 당신에게 하는 질문 속에서 당신 강점을 찾을 수 있다.

둘째는 '자신감 키우기'다. 타인이 생각하는 나와 내가 생각하는 나는 같다. 자신감이 높으면 '내가 이렇게 행동하면 상대방은 어떻게 생각할까'를 두려워하여 위축할 일이 적어진다. 걱정이 줄어드니 자연스럽게 '나다움'을 마음껏 발산할 수 있게 된다. 타인 앞에 내 참모습을 자신 있게 드러낼 수 있게 된다. 내가 원하는 방향으로 상황을 이끌어 갈 수 있는, 자신감 있고 활력에 찬 모습은 곧 직장에서의 능력으로 직결된다.

셋째는 '열심히 배우고 공부하기'다. 40대가 넘은 직장인이라면 자칫 자기계발에 소홀해질 수 있다. 일과 자기계발을 위해 책을 사보고 세미나와 콘퍼런스에 참석하며 각종 보고서와 연구 자료들을 분석한 적이 있는가? 공부하는 것에 게을리하는 순간 금세 내공이 바닥나는 것은 당연한 결과다.

넷째는 '나를 알리는 것'이다. 회사 오피니언 리더들에게 나를 알리자. 사내정치가 아닌, 나에 대해 솔직히 말하고 어필하는 것이다. 거창한 자리가 아닌 점심 테이블이나 흔한 회식자리에서도 가능하다. 나란 사람에 대해서 허심탄회하게 얘기를 하면서, 살갑게 다가서 보자. 잘난 척하는 모습이 아닌 인간적인 면모까지 보인다면 금상첨화일 것이다.
동료와 후배 직원들에게 '나를 알리는 것'도 매우 중요하다. 후배 직원들이 어려운 상황이 생긴다면 항상 도와주고, 인생을 코치해 준다면

나는 스펙보다 태도가 좋다

후배 직원들은 당신을 매우 따를 것이다. 또한, 당신이 어려운 상황에서 그들은 항상 우군이 될 것이다. 물론 개인 블로그와 SNS를 통한 방법도 있을 것이다.

나를 알리고 마케팅하는 것은 매우 중요하다. 가만히 있으면 누가 알아주겠는가? 누가 나를 아는 척을 하기 전에, 내가 먼저 다가서야 한다. 김춘수 시인의 「꽃」을 일부 음미해 보자.

내가 그의 이름을 불러 주기 전에는
그는 다만
하나의 몸짓에 지나지 않았다.

내가 그의 이름을 불러 주었을 때
그는 나에게로 와서
꽃이 되었다.

서로에게 의미 있는 존재로 다가서는 것은 매우 중요하다. 우리 직장인들도 누군가에게 무의미한 존재가 아닌 의미 있는 존재가 되고 싶다. 누군가에게 존재 가치를 인정받을 때야말로 직장 다니는 맛이 비로소 생기는 것이 아닐까?

쿨한 대리, 멋진 부장 되는 비결

CHAPTER

4

존경받는 차장, 부장의 태도 비결

I Than spec Have a
good attitude

1

꼰대가
아닌 아재가 되자

"괜히 노땅 취급, 꼰대 취급당할까 봐 아랫사람 눈치 볼 때가 많아
요. 젊은 직원들과 식사하거나 대화할 때 먼저 맞추려고 노력하고요.
그런데 젊은 직원들은 또 나름 제 눈치를 보면서 저에게 의사결정을 하
라고 하니까……. 그럴 때 왠지 서글픈 생각이 들기도 하죠."

"지금 아저씨 세대가 제일 불쌍한 세대일지 몰라요. 우리 사회가
1980~90년대 정치적, 문화적, 경제적으로 대단히 많은 변화가 단기간
에 일어났는데, 그 세대에 낀 세대가 우리거든요. 아저씨들은 윗세대는

받들고, 아랫세대 눈치도 봐야 하는 신세가 돼버린 거죠."

최근 대기업 사내신문에 실린 이른바 '아재'들 항변이다. '아재'는 중년 남성을 뜻하는 아저씨를 낮춰 부르는 단어로 종종 사용된다. 썰렁한 개그를 지칭하는 '아재 개그'로 유명하지만, 세대 차이를 겪고 있는 직장 내에서는 상사와 세대 차이를 유머러스하게 표현하면서 '아재'라는 단어를 쓰고 있다.

'아재'와 비슷하게 쓰였던 단어는 '꼰대'다. 그러나 두 단어 격차는 매우 크다고 하겠다. 꼰대는 아무리 말해도 통할 수 없는, 평행선을 달리는 존재지만, 아재는 다르다. 왠지 친근하고, 조금만 소통하면 서로의 격차를 줄일 수 있을 것 같은 그런 존재다.

나이 먹고 높은 지위를 얻게 되면 석상石像처럼 제 자리에서 꼼짝하지 않으면서 다른 이들이 찾아오기를 기다리게 된다. 특히, 팀장이 되고, 중역이 되면 왜 그렇게 변하는지 모르겠다. 고개를 빳빳하게 세우고 웃음기 없는 엄숙한 표정으로 권위를 내세우면서 대단한 특권을 얻은 양 대접만 받으려고 한다.

나보다 나이가 있고 직책이 높은 분이니까 어쩔 수 없이 고개를 숙이고 굽실거리지만, 그 상태가 오래될수록 직원들은 진저리를 치게 된다. 할 수 있으면 마주치지 않으려 하고, 회식자리에서 옆에 앉으면 빨리 그 자리를 피하려고 한다.

자연스럽게 공적인 상하 관계만 남고 따뜻한 인정이 넘치는 인간적

나는 스펙보다 태도가 좋다

인 교류는 사라져 버린다. 그래서 자신도 모르는 사이에 점차 사람들로부터 밀려나고 섬처럼 외로운 존재가 된다. 사람 사이 거리는 거울과 같다. 내가 가만히 서 있는데 그가 가까이 다가오는 법은 없다. 옛 속담에 "지위가 높을수록 마음은 낮춰라"라는 속담이 있다. 지금 저들보다 이만큼 높은 곳에 서 있다 할지라도 잠시 빌려 앉은 자리일 뿐이다. 머지않아 후임에게 물려주고 나가야만 할 자리다.

부하 직원이 진정으로 머리를 숙이게 하려면 내가 먼저 나이에 어울리고 자리에 걸맞은 자세와 인품을 갖추어야 한다. 내 미래를 방해하는 최대 장애물은 결국 과거의 나이기도 하다. 한 번도 안 해본 복사를 하고, 커피도 직접 타서 마시고, 직접 보고서를 쓰고 있으려니 내 나이와 직위에 어울리지 않는다는 생각에 초라하게 느껴질 수 있다. 하지만 그 모든 것은 내일을 위해 준비해야 하는 꼭 필요한 과정이다. 그 과정을 통해 자신이 아무것도 아니란 사실을 알게 되었을 때, 비로소 새롭게 출발할 수 있다. 지난 과거, 권위의식 모두 버리고 다시 시작하자. 본인이 직접 커피도 타서 마시고, 문서작성도 직접 해 보자. 변화경영연구소장 故 구본형 소장은 이렇게 말한다.

"자신의 과거와 경쟁하라. 다른 사람과 경쟁은 언제나 우리를 불편하게 한다. 그러나 자신의 과거와 경쟁하면 적을 만들지 않고 스스로 나아질 수 있다. 승리하면 스스로 기뻐할 수 있고, 아무에게도 상처를 주지 않으며 모든 이의 찬사를 받을 수 있다. 가장 어려운 싸움은 자신과 싸움이며 가장 가치 있는 진보는 자신이 어제보다 나아지는 것이다. 적은 없고 추종자가 많아지는 승리처럼 운 좋은 성과는 없다."

아직은 창창한 40대 초반이지만, 나 또한 나이와 직급에 대한 인정을 받고 싶다. 당돌한 사원, 대리의 모습에 익숙하지 않다. 논리적으로 틀린 것은 아닌데, 꼬박꼬박 말대꾸하는 김 대리 모습이 역시 낯설다. 대화 중에 "차장님은 너무 원론적인 말만 하세요"라고 대놓고 말하던 옆자리 모 과장 말은 아직도 내 가슴을 후벼 판다.

하지만 시대가 정말 많이 변했다. 예전에 신입사원 때 회사 문화와 지금 문화는 많이 다르다. "현대現代는 군대다"라는 말이 사내에서 회자膾炙가 될 정도로, 신입사원 때 내가 본 상사들의 위엄은 정말 대단했다. 그 당시에 상사 명령은 무조건 따라야 했다. 까라면 까야 했고, 죽으라면 죽는시늉까지 해야 했다. 지금은 그렇지 않다. 부하 직원에게 지시할 때 그 배경과 당위성에 대해 차근차근히 설명해줘야 한다. 현대자동차에서 현대건설로 오면서 처음에 건설문화에 대해 많은 걱정을 하기도 했었다. "까라면 까는 상명하복의 군대와 같은 문화가 아닐까? 술도 엄청 많이 마실 거야"라고 말이다. 하지만 오산이었다. 오히려 더 순하고 화합하고 배려하는 조직 문화가 인상적이었다. 그런 문화가 지금은 더 자연스럽다. 이제는 부하 직원들 요구를 이해해 주고, 직장생활과 개인 삶의 균형이 잘 맞도록 개인적 배려도 해줘야 한다. 그래서 부하 직원들과 소통도 잘하고, 회식도 자주 하고, 경청을 잘해 주는 상사가 인기가 많다.

나는 스펙보다 태도가 좋다

유명한 연애 및 소통 컨설턴트인 김지윤 작가는 본인의 저서『직장생활도 연애처럼』에서 이렇게 말한다.

가오를 부린다는 것은 "저는 소통을 못 하는 사람이에요. 아주 일방적인 사람이에요. 배려 공감 따위란 제 인생에 없답니다"라고 광고하는 것과 같다고 말이다.

- ✔ 어느 곳에서나 부하 직원을 "야"라고 부르는 과감한 친근형
- ✔ 퇴근 15분 전에 새로운 업무, 그것도 자기가 해야 할 일을 남에게 미루는 결단력
- ✔ 주말마다 산 정상까지 부하 직원을 질질 끌고 올라가는 강인한 의지
- ✔ 커피 심부름시키고 돈은 절대 주지 않는 뜨거운 나눔 정신
- ✔ 업무상 만나는 새로운 사람들에게 도통 인사를 할 줄 모르는 깜찍한 새침함
- ✔ 궁금해서 물어보면, "넌 말해줘도 몰라"라고 대답하는 놀라운 예지력

"이 모두 소통을 단절하는 가오의 한 형태다. 힘을 행사하는 가오는 불편하고, 있어 보이고 싶어 하는 가오는 안타깝다"라고 저자는 또한 말한다. 그리고 또 이렇게 강조한다. "어깨에서 벽돌 좀 내리자. 가면은 가장무도회에서나 유용하다. 가면을 쓰고 살아간다면 우린 지쳐 초주검이 될 때까지 무도회에서 춤을 춰야 할지도 모른다. 모두가 떠나고 홀로 고독하게 남겨질 때까지 말이다."

권불십년權不十年이다. 아무리 높은 권세라도 영원한 것은 없다. 어떤 조건 때문에 고개를 숙이는 것이 아니라 내 직급과 내 자리에 경의를 표하는 것이다. 부하 직원들은 철없는 '어린 것'이 아니라 동시대를 공존하며 살아가는 젊은 친구다. 함부로 대해도 되는 '아랫것'이 아니라, 머지않은 미래에 내가 섬겨야 할 윗사람이라는 생각을 가져야 한다.

자, 이제 한 발짝 부하 직원들 가까이 걸음을 옮겨보자. 그리고 내가 먼저 진실한 마음으로 저들에게 고개를 숙여야 하겠다.

나는 스펙보다 태도가 좋다

2

나이보다
10살 더 어려 보이기!

한 연구팀에서 이런 실험을 했다. '잘생긴 그룹', 그리고 '못생긴 그룹'
으로 나누어 연봉을 비교했다. 그 결과 잘생긴 남자들이 못생긴 남자
에 비해 12%, 평범한 남자에 비해서는 7% 정도 수입이 더 많은 것으로
나타났다고 한다. 성공한 사람일수록 외모도 출중한 경우가 많다는 속
설이 과학적으로 입증된 것이다.

40대 중후반 직장인 이미지를 떠올린다면 어떤 느낌일까?
왠지 배가 불룩하고, 머리는 벗어져 있으며, 숙취로 인한 초점 없는 충혈된 눈에 대사증후군에 시달릴 것 같은 이미지다. 집에는 부양해야 할 처자식이 있고, 회사에서는 팀장급이다 보니 이젠 나만의 몸이 아니다. 회사가 부르면 언제라도 달려가야 한다. 중요한 회식자리에 자주 얼굴을 비쳐야 그나마 인맥관리를 할 수가 있다.

젊었을 때는 제법 옷도 많이 사서 입었고, 최신 헤어스타일과 염색도 했을 터다. 그러나 결혼하고 십여 년이 지난 지금 웬만해서 내 옷 한 벌 제대로 사기가 쉽지 않다. 백화점이나 마트에 가도 자식들 옷만 보이지 내 옷은 다음 순서다. 외출하기 위해 옷장을 뒤져봐도 출근할 때 입는 양복 몇 벌 뿐이다. 대한민국 중년 직장인의 서글픈(?) 현실이다. 사무실 책상에 항상 보관된 위장약과 간 보호제 등을 달고 사는 시니어들, 그들의 이미지 개선이 시급하다.

현대자동차에서 있을 때 일이다.

러시아공장 생산법인에 있을 때, 매주 월요일에는 법인장님 주관하에 전체 주재원 회의가 소집된다. 전주 실시사항과 금주 예정사항을 발표하는 자리라 매우 긴장되는 순간이었다. 그때 법인장님이 Y 부장에게 갑자기 말을 하셨다. Y 부장은 항상 백발로 다니시는 분이었다.

"Y 부장. 웬만하면 염색을 하는 게 어떻겠나? 나도 나이가 많지만, 부하 직원이 백발로 있으니 오히려 내가 부담되네."

"네, 알겠습니다."

상사 입장에서 부하가 오히려 나이가 더 들어 보이는 것이 불편하셨던 것이다. 그 이후로 Y 부장은 염색을 항상 하고 다녔다.

40대 중년인 지금 제일 듣기 좋은 말이

"참 젊어 보이십니다."

"30대로 보이시는 데요."

이런 말들이 아닐까? 물론 분위기를 좋게 하는 접대 멘트일 수도 있지만, 이런 말을 들으면 기분이 참 좋다. 부끄럽지만, 나도 지금 나이보다 더 어리게 보인다는 말을 듣곤 한다. 실제 건강검진 시에도 신체 나이가 7살 정도 더 어리게 나온다. 그럼 나이보다 더 어려 보이게 하는 나만의 노하우를 살짝 공개해 보겠다.

첫째, 5kg 살 빼기다. 나는 6주 만에 11kg을 감량한 경험이 있다. 살을 빼고 나니, 얼굴 턱선 윤곽이 살아나고 배가 들어갔다. 그래서 예전에 입었던 양복바지를 모두 버렸다. 양복바지 길이는 줄일 수 있어도, 허리를 줄이면 바지가 이상해져 버린다. 그래서 몸에 맞는 양복을 사서 입게 되고, 와이셔츠는 슬림핏을 고르게 된다. 예전에 입었던 옷들은 다 펑퍼짐하게 돼서 입어도 볼품이 안 난다. 몸에 맞는 슬림한 옷을 고르는 재미가 꽤 쏠쏠하다. 살이 빠져서 결국 슬림한 옷을 입게 되니 더 젊어 보이는 것은 어쩌면 당연하다.

둘째, 깔끔한 헤어스타일과 코털 정리다. 한 달에 한 번 정도 하는 이발에 신경 쓸 필요가 있다. 자기에게 어울리는 헤어스타일을 찾기 위해 다양한 스타일을 시도해 보는 것도 좋다. 그러다 보면 제법 어울리는 헤어스타일을 발견할 수 있다. 머리카락이 잘 안 넘어가면 파마를 하는 것도 괜찮은 방법이다. 깔끔한 헤어스타일과 왁스 등을 이용해서 멋지게 스타일을 내보자. 그리고 코털은 매주 한 번씩 정리해야 한다. 삐죽 나온 긴 코털은 그 사람의 매력을 반감시킨다.

셋째, 금연과 적절한 음주다. 나이보다 젊어 보이기 위해 가장 중요한 것은 바로 피부 관리다. 피부는 타인으로부터 호감을 얻는 데 중요한 기관이기도 하다. 그런데 흡연은 피부에 악영향을 미친다. 각질층 수분 함량을 떨어뜨려 건조하게 만들고 에스트로젠을 감소시켜 피부 노화를 촉진한다. 주위에 흡연하는 분들을 잘 살펴보면, 대부분 피부가 탄력이 없거나 실제 나이보다 더 들어 보이는 것을 발견할 수 있다.

소량의 음주는 혈액순환을 개선한다고 알려졌지만, 이는 소주 한 잔 정도 양을 마셨을 때 이야기다. 과도한 음주를 한 다음 날에 피부를 보면 색깔도 안 좋고, 피부 트러블이 생긴 것을 볼 수가 있다. 우선 체내 수분량이 급격하게 줄고 비타민과 미네랄 배출이 많아진다. 그래서 피부가 푸석푸석해지는 것이다. 물론 적정량의 음주는 직장생활과 삶의 윤활유이지만, 과도한 음주는 당신 피부를 초토화할 수 있다는 것을 명심해야 한다.

넷째는 운동이다. 난 매일 새벽에 운동한다. 러닝머신에서 약 20분 정도 달리면 땀도 적절하게 나고, 몸속 노폐물이 빠져나가는 느낌이다. 꾸준한 유산소운동은 피부 노화방지에도 매우 좋은 방법이다. 운

나는 스펙보다 태도가 좋다

동 뒤에 피부가 평소보다 더 맑고 깨끗해 보였던 경험은 누구에게나 있다. 걷기, 달리기, 요가, 자전거, 인라인스케이트 등의 지속적인 유산소 운동은 체지방을 태워주고 날씬하고 건강한 몸을 만들어 준다. 그리고 전날에 쌓인 땀과 노폐물을 배출해 피부를 더 매끄럽고 촉촉하게 해 준다.

위에 소개된 내용은 과도한 투자가 필요하거나 어려운 것이 절대 아니다. 다만 우리의 일상에 조금만 신경을 쓰면 충분히 관리가 가능한 부분이다. 이런 소소한 관리 하나로 내 나이보다 무려 10살을 더 젊게 보일 수 있다면 투자 대비 효과는 굉장한 것이다.

사람들은 하나의 좋은 현상에 현혹되면 그것으로 전체를 결론짓는 경향이 있다. 이런 모순을 후광효과라고 한다. 한 분야에서 성공한 CEO가 있다면 그가 다른 분야에서도 성공할 수 있고, 사생활도 역시 깨끗할 거라고 단정 짓기도 한다. 회사생활도 똑같다. 비슷한 능력을 지닌 집단이라면 젊고 외모가 뛰어난 사람이 더 주목받고 인정을 받는다.

내 나이보다 무려 10살을 더 젊게 보인다면 자신감도 덩달아 오르게 된다. 부하 직원들에게 꼰대가 아닌 형님과 같은 친근함으로 자리매김하고 다가서려는 우리 멋진 시니어들에게 열렬한 박수를 보낸다.

3

좋은 목소리는
성공으로 가는 지름길

　중저음의 안정적인 목소리는 상대방과 청중을 편안하게 해 준다. '꿀성대'라는 말이 있을 정도로 목소리가 주는 매력에 많은 사람이 공감하고 있다. 제2의 얼굴이라고 부르기도 한다.

　최근, 한 언론기관에서 실시한 조사로는 이성의 얼굴 외 매력 요소로 남자와 여자 모두 목소리라고 답한 사람이 가장 많았다고 한다. UCLA 심리학과 명예교수 엘버트 메라비언은 대화에서 시각적 요소만큼이나 청각적 요소도 매우 중요하다는 내용을 논문으로 발표했다. 이것을 '메라비언의 법칙'이라고 한다.

　　　　　　　　　　　　　나는 스펙보다 태도가 좋다

목소리는 커뮤니케이션을 담당하는 매우 중요한 요소다. 첫인상은 물론 그 사람의 전체적인 이미지를 결정짓기도 한다. 실제로 목소리가 채용면접 결과에 영향을 미친다는 설문조사 결과도 있다.

직장생활에서도 목소리는 중요하다. 프레젠테이션할 때 좋은 발성과 목소리는 매우 매력적인 요소다. 경쟁 프레젠테이션에서도 좋은 목소리는 수주에 유리한 무기이기도 하다. 사내에서 강의할 때도 좋은 목소리와 발성은 수강생들에게 호감과 신뢰감을 주기도 한다. 하지만 목소리에 따라 소심하고 자신감 없어 보이기도 한다.

"어디서 죽도 한 그릇 못 얻어먹은 사람 같네."
"생긴 건 멀쩡한데, 말하는 게 영 자신감이 없구먼."

비즈니스 파트너와 미팅하고 난 후에 주변 사람들과 이런 말 한두 번쯤은 해 보았을 것이다. 아무리 잘 생기고 똑똑한 사람일지라도 대화할 때 목소리에 힘이 없다면 상대에게 답답함을 주거나 능력 없는 사람으로 비치게 된다. 회사 제품을 영업하거나 중요한 프로젝트 수주를 위해 말하는데 자신감이 전혀 없는 목소리라면 상대가 그 회사나 제품에 대해 신뢰할 수 없는 것은 당연하다.

특히 40대가 넘으면 피로와 잦은 술자리, 흡연 등으로 목소리가 더 가늘어지고 갈라진다. 심지어 칼 가는 소리처럼 듣기 거북한 목소리로 변하기도 한다. 일반적으로 사무실에서 듣기 싫어하는 목소리는 다음과 같다.

- ✔ 저음으로 너무 낮게 깔리는, 힘없는 목소리
- ✔ 사무실에 있는 모든 사람에게 들리는 지나친 큰 목소리
- ✔ 가늘고 작은 모기 목소리 (자신감 없어 보임)
- ✔ 목에 이물질이 걸린 것 같은, 쟁반 긁는 듯한 목소리

목소리도 디자인할 수 있다. 정확한 발성 연습과 꾸준한 훈련으로 자신 목소리를 새롭게 재창조하는 것이 필요하다. 대부분 사람은 자신이 듣는 자기 목소리와 남이 듣는 자기 목소리 사이에 차이가 있는 사실을 잘 모른다.

자신 목소리를 핸드폰 녹음기로 녹음해 보자. 분명한 차이를 느낄 수 있을 것이다. 뭔가 어색하다. 녹음기에서 나는 목소리가 곧 타인이 듣는 내 목소리다. 발음이 정확한지, 자연스러운지 녹음해서 들어 보는 것은 좋은 목소리를 만들기 위한 기본적인 체크사항이다.

나는 목소리가 좋다는 말을 자주 듣고는 한다. 어렸을 때부터 좋았던 것은 아니다. 다년간 스피치 훈련과 발성 연습을 통해 만들어진 결과인 듯하다. 스피치 학원에 가서 먼저 하는 것이 바로 발성 연습이었다. 처음 연습 때에는 목소리도 잘 안 나오고, 목에 계속 가래가 끼곤 했다. 심지어 기침까지 나오곤 했다.

약 5개월간 연습을 했더니, 정확한 발음은 물론이고, 무엇보다 성량이 매우 풍성해졌다. 힘을 들이지 않았는데도, 강의실이 떠나갈 정도의 파워 보이스가 되었다. 그러면 여기서 몇 가지 나만의 발성 연습 방법을 소개해 보고자 한다.

나는 스펙보다 태도가 좋다

첫째, 매일 성공 메시지와 나의 슬로건을 크게 외쳐보자.

"나는 오늘부터 새로운 삶을 시작한다. / 나는 열정이 충만한 마음으로 오늘을 맞이한다./ 나는 성공할 때까지 도전한다. / 나는 사랑과 감사의 마음으로 생활한다. / 나는 이제부터 내 감정의 지배자가 된다. / 나는 적극적이다. / 나는 합리적이다. / 나는 부지런하다. / 나는 끈기가 있다." 등을 천천히, 또박또박, 자연스럽게 크게 외쳐보는 것이다.

둘째, 단전호흡을 생활화하자. 단전호흡은 인간 의지와 호흡 조절만으로 인체 내부에 기氣를 생성하고 강화하는 수련법이다. 코로 숨을 들이쉬고 들이쉰 숨을 아랫배 하단전배꼽에서 약 4~5cm 되는 부위에 머물게 하고 다시 그 숨을 코를 통해 내놓는다. 1단계부터 5단계까지 있는데, 약 15초 들이쉬고, 15초를 숨을 참는다. 다음 15초를 숨을 내쉰다. 단전호흡 효과는 바로 호흡을 길게 해줌으로써 성량을 풍부하게 해 주고, 강하게 해 준다. 목소리는 호흡이 만들어 내는 소리이고, 호흡은 곧 생명이다.

셋째, 우리말의 '모음母音'을 힘껏 외쳐보자. 그러면 가슴이 후련하고 생기가 솟는 것을 느낄 수 있다. 모음은 허파에서 나오는 호흡이 성대를 자극하여 입안에 장애 없이 나는 소리로서, 계속하여 발성할 수 있으며 음악적 요소를 지니고 있다.

🔊 아-애-이오우 (입을 상하좌우로 크게 벌리고 혀를 당기면서 발성)

🔊 애-이-오우아 (입을 좌우로 크게 반만 벌리고 혀를 약간 내밀며 발성)

🔊 이-오-우아애 (입을 반쯤 벌리고 윗니와 아랫니 틈새로 발성)

모음 발성 연습을 할 때는 복식호흡으로 숨을 약 80~90% 정도 들이마신다. 그리고 말과 말 사이에 호흡을 조절하면서 간격을 둔다. 1, 2개월 동안 꾸준히 반복하다 보면 어느새 목청에 힘이 붙고 활력 있는 음색을 만들 수 있다.

넷째, 단계별 발성 훈련이다. 자신 음성을 단계별 높이로 나누어 발성하는 것으로, 작은 소리, 중간소리, 큰소리를 30·60·90 음의 단계별로 나누어 훈련해 보자. 이 단계별 발성 훈련이야말로 발성 능력을 키우는 최고의 방법이라 자부한다.

🔊 말하고 싶거든 마음으로 말하여라. (30음)
🔊 그래도 말하고 싶거든 눈으로 말하여라. (60음)
🔊 그래도 말하고 싶거든 입으로 말하여라. (90음)

여기서 포인트는 자기 성량을 점층적인 3단계로 확실히 구분할 수 있어야 한다는 점이다.

나는 스펙보다 태도가 좋다

기본적인 발성 훈련을 약 2~3개월 마쳤다면, 이젠 업그레이드를 시켜야 한다. 말을 할 때 가장 유의할 점이 단조로움을 피하는 것이다. 효과적으로 말하기 위하여 말의 고저·장단·완급·강약·쉬기·강조 등에 변화를 주어야 한다. 특히, 본인이 좋아하는 시를 감정을 섞어서 낭독하며 몇 달간 훈련해 본다면 매우 그럴싸한 목소리의 소유자가 될 것이다.

또한 문장에 감정이입을 하여 발성하는 훈련을 해보자. 처음에는 짧은 문장에서 긴 문장으로, 점차 짧은 단락에서 긴 단락으로 낭독 발성을 하자. 단순히, 읽기가 아니라 감정을 넣어 발성해야 한다. 특히, 연설문을 발성하면 음악의 스타카토처럼 힘을 주어야 할 부분이 있다. 제스처를 해야 할 부분도 있는데, 많이 해 보면 큰 도움이 된다.

그리고 다른 사람이 알아듣기 쉽게 말하려면 말과 말 사이에 쉬기 pause를 잘해야 한다. 죽 이어서 말하면 어느 부분이 포인트인지 잘 이해가 가질 않는다. 쉬기란 목소리를 내지 않고 잠깐 멈추게 되는 시간이다. 여백의 미美라는 말이 있듯이, 말에도 여백이 매우 필요하다.

굳이 비싼 돈을 들여서 보이스 트레이닝이나 컨설팅을 받을 필요는 없다. 틈틈이, 집에서, 출근하면서 입 근육을 풀고서 하나씩 해 보자. 차 안에서 혼자 운전할 때도 발성 연습하기에 매우 좋은 장소다. 이렇듯 틈틈이 목소리 훈련을 하고, 내공을 쌓아간다면 언젠가는 멋지고 듣기 좋은 목소리의 주인공이 될 것이다. 내 목소리를 멋스럽게 디자인해 보자. 성공으로 가는 지름길이다.

4

보안요원, 미화원, 아르바이트생에게도 친절하게 대하자

잊을만하면 터지는 '갑질 사건'은 미국 작가 마크 트웨인의 『아서 왕 궁전의 코네티컷 양키』라는 소설을 떠올리게 한다. 이 책은 19세기 말 미국의 한 기술자가 정신을 잃은 뒤 다시 깨어나 보니 영국의 아서 왕 시대로 날아갔다는 특이한 소재로 봉건제와 지배계급에 대한 풍자를 담았다.

흉기에 머리를 맞아 기절한 19세기 미국인 기술자 행크는 6세기 영국 아서 왕의 궁전에서 깨어나게 된다. 행크는 어느 날 답답한 궁정을 벗어나 평민들 삶을 살펴보러 가는데 아서 왕이 동행을 자처했다. 평민으로 변장한 두 사람은 시골길에서 붙잡혀 노예상인에게 팔리고 만다. 그런데 아서 왕은 노예로 팔린 사실보다 자기 몸값이 기술자 행크의 몸값보다 낮다는 사실에 더 경악한다.

땅콩사건에 이어 최근 재벌가 오너가 운전기사에게 갑질한 사연이 알려져 충격을 주었다. '갑질'을 일삼는 사람들은 자기네 기업이 고용한 직원은 자신보다 낮은 사람이라고 여기고 부하 직원을 하인처럼 부렸다. 운전기사가 마음에 안 들 땐 뒤에서 물병을 던지거나 뒤통수를 때렸고, 상식 밖 지시를 내렸다고 한다. 만약 알몸으로 해적에게 포획되어 노예로 팔린다고 가정하면 귀한 분 중에 자기가 함부로 대하던 하급자보다 높은 몸값을 받을 수 있는 이가 몇이나 될까?

존 브래드퍼드라는 16세기 영국 목사는 사형장으로 끌려가는 죄인들을 보고 "하나님의 은총이 없었더라면 내가 저기 있었을 것이다"라고 말했다고 한다. 결국, 내가 잘난 게 아니라 신의 은총으로 목숨을 부지하는 것이다.

회사에는 눈에 잘 띄지 않는 음지에서 고생하는 분들이 있다. 우리가 일에 집중할 수 있는 환경을 만들어 주시는 참 고마운 분들이다. 바로 회사 보안을 책임지는 보안요원, 청결을 도맡는 미화원, 사무보조를 맡는 아르바이트생 등이 바로 그들이다.

이런 분들에게 "고생하십니다."라고 말을 건넨 적이 있는가? 연배를 보면 우리 아버지고 어머니 같으신 분들이기도 하다. 평상시에도 "수고하십니다. 덕분에 사무실이 항상 깨끗합니다"라는 말을 건네 보자. 명절에는 선물을 본부나 실 차원에서 챙기는 것도 좋은 방법이다.

우리 회사에도 이런 분들이 참 많다. 약 35년간 보안 업무를 담당하고 계신 반장님이 계신다. 난 그분과 매우 친하다. 수시로 농담도 하고, 매년 마라톤 대회도 같이 참가한다. 나이 차는 많지만, 서로 허물없이 지내고 있다. 또한, 주위에 새벽에 출근해서 항상 고생하시는 미화원분과 요즘 취업난을 반영하는 사무보조 아르바이트생들도 있다.

이런 분들은 사내 정보를 많이 알고 계셔서 뜻밖에 사내 고급 정보를 얻을 수도 있다. 그래서, 좋은 업무 아이디어와 개선할 사항도 이분들을 통해서 얻을 수 있다.

정말 좋은 직장은 음지에서 묵묵히 자기 일을 열심히 하는 직원을 잘 보듬어 줄 수 있는 곳이다. 자기 일은 하지도 않으면서 그저 돋보이려는 일만 찾아 발버둥 치는 사람들이 성공하는 회사의 장래는 암담할 뿐이다.

과거에는 실적이 좋고 윗사람 비위만 잘 맞추면 쉽게 승진할 수 있었다. 그러나 현재는 다면평가를 해서 평판이 좋지 않으면 인사고과를 잘 받을 수가 없다.

상사에게는 좋은 부하 직원이어야 하고, 부하 직원에게는 좋은 상사여야 한다. 동료들 눈에도 괜찮은 사람이어야 한다. 또한, 협력업체 직원 눈에도 잘 보여야 하고, 회사 음지에서 고생하시는 분들에게도 잘 보여야 한다. 중역이 되기 위해서는 적이 있으면 안 된다. 부분별 최고 인사권자들이 모인 사내 인사위원회에서 반대하는 사람이 한 명이라도 있으면 중역이 될 수가 없다. 어느 한 사람에게 아부하고 충성하는 시대는 이제 끝이 났다. 모든 사람에게 인정받는 일꾼이 되어야 한다.

나는 스펙보다 태도가 좋다

그러기 위해서는 품격을 갖춰야 한다. 품격 있는 인간은 좀처럼 욕을 먹지 않으며, 적이 없다. 품격 있는 사람에게는 호감을 느끼는 게 인지상정이다. 품격 있는 사람들은 대개 겸손하다. 그렇다면 겸손한 태도를 보이려면 어떻게 하는 것이 좋을까? 우리 시대의 멘토 공병호 경영연구소 소장은 본인 저서 『습관은 배신하지 않는다』에서 이렇게 말한다.

"여러분이 추구하는 승진이나 성과와는 완전히 다른 목표를 정하는 것이 도움된다. 바로 인간적 탁월함을 목표로 삼는 것이다. 직업적 탁월함과 인간적 탁월함 두 가지는 각각 독립된 의미가 있지만 두 가지가 결합하면 더욱 이상적이다. 난 사람과 된 사람 모두가 된다는 것은 정말 대단한 일이기 때문이다.

그런데 그럴 만한 가치가 있느냐고 묻고 싶은 사람도 있을 것이다. 인간적 탁월함을 달성하려면 몇 년 가지고는 어렵기 때문이다. 물론 인생을 속도전으로 생각할 수도 있다. 하지만 차츰 자신의 완성도를 높여가는 것, 한 인간으로서 완성도를 높여가는 것도 근사한 일이다. 이처럼 인생은 여러분이 마음먹기에 달려 있다.

출세에만 집착하더라도 누가 뭐라고 할 사람은 없다. 그러나 삶은 생각보다 길다. 그런 긴 삶에서 "나는 꽤 괜찮은 사람이다"라는 말을 직업적인 성취만 이루었을 때도 할 수 있을까? 물론 정신없이 앞을 향해 내달려야 하는 현직에 있는 경우라면 인간적 성숙을 꾀하는 일이 사치스런 일로 간주될 수 있다. 하지만 여러분이 현직을 떠나 은퇴할 시기가 되었다고 가정해 보자. 여러분이 어느 회사 사장이나 회장이었다는 사실을 누가 당신만큼 기억해 줄 수 있겠는가?"

그러면 인간적인 완성도를 높여가기 위해 무엇을 해야 할까? 모든 것을 동시에 잘할 수 없다. 먼저 다음 두 가지부터 시작해 보자. 하나는 자신의 언어를 통제하는 것이다. 가능한 한 말이나 글을 부드럽게 다듬어서 사용해야 한다. 그리고 '감사합니다', '고맙습니다', '반갑습니다'와 같은 말을 자주 사용할 줄 알아야 한다. 언어를 감정이 아니라 이성의 기준에 따라 다듬어서 사용하는 것은 사람 됨됨이를 갈고닦는 멋진 방법이다.

다른 하나는 만나는 사람 외모나 차림새, 그리고 지위와 관계없이 한 인간으로서 정중하고 겸손하게 대하는 것이다. 직책이 높거나 부와 권력을 가진 사람에게 정중하고 겸손하게 대하는 것은 누구나 할 수 있다. 그런데 나이로 보면 한참 아래인 사람이나 사회적 기준에 따라 대하기 쉬운 사람에게도 변함없이 겸손하게 대할 수 있다면 그 사람은 대단한 내공을 가졌다고 할 수 있다.

인간은 본래 타인에게 뻐기길 좋아한다. 그래서 당장 이익이 되지 않을 뿐만 아니라 자신 힘을 과시할 수 있는 상대방에게도 정중하고 겸손하게 행동하는 사람은 대단하다고 할 수 있다. 그러나 이때 명심해야 할 말이 하나 있으니, '과공비례過恭非禮'가 그것이다. 타인을 겸손하게 대하는 것은 좋지만 겸손함이 지나쳐서 비굴해 보일 정도가 되지 않도록 유의해야 한다.

나는 스펙보다 태도가 좋다

마지막으로, **가능한 한 긍정적인 언어로 타인을 격려하거나 칭찬해 야 한다.** 만일 여러분이 타인 주목을 받는 사람이라면 여러분이 건넨 격려 한마디가 상대방에게는 '황금의 씨앗'이 될 수 있다. 잘한 부분에 대해서는 그냥 넘어가지 말고 반드시 "참으로 잘했다", "인상적이었다", "수고했다" 등의 덕담을 해 보자. 이는 타인을 기분 좋게 하는 방법이기 도 하지만 결과적으로 자신을 위한 인풋관리 방법이다.

5

협업하라!
융복합과 시너지를 위하여!

2016년 여름을 강타한 리우 올림픽 육상 남자 계주 400m를 지켜보던 세계인이 깜짝 놀랐다. 3년 연속 3관왕에 오른 우사인 볼트 이야기가 아니다. 볼트보다 은메달을 딴 일본에 눈길이 더 쏠렸다. 일본은 우리나라와 같이 세계 육상 변방국 아니던가?

일본은 네 명 모두 100m 최고 기록이 10초대밖에 안 되면서도 세계 최강 미국을 제쳤다. 예선에서도 우사인 볼트가 빠진 자메이카를 앞서 1위를 차지했다. 일본인은 말한다. '개인이 약해도 협업을 하면 더 큰 힘을 낼 수 있다는 정신' 승부 비결은 바로 협업 정신이었다.

나는 스펙보다 태도가 좋다

계주는 철저한 분업과 협업이다. 첫 주자는 순발력이 뛰어나고 스타트가 좋은 선수가 맡는다. 그래야 출발 신호에 빨리 반응한다. 스피드 좋은 둘째는 가속도를 붙인다. 셋째는 곡선 주로 강자여야 한다. 그리고 배짱 두둑하고 마지막 스퍼트가 좋은 에이스가 마지막을 맡는다. 저마다 제 할 일을 철저히 해야 하고, 바통 터치를 철저히 해서 불량품을 다음 단계로 넘기면 안 된다. 자기가 맡은 부분과 타 부분이 서로 착착 맞아 떨어졌을 때 비로소 협업 효과가 나타나는 것이다.

대표적인 협업 사례로는 세상에 한 획을 그었다는 평가를 받는 애플 창업자 스티브 잡스가 1984년 세상을 변화시킬 컴퓨터인 매킨토시를 완성했을 때였다. 마이크로소프트 빌 게이츠는 견제가 아닌 협업을 택했다.

마이크로소프트는 일찍이 매킨토시용 애플리케이션 개발에 들어갔으며, 현재의 '워드Word'를 탄생시켰다. 여기서 멈추지 않고, 협업한 경험을 바탕으로 자체 운영체제인 윈도를 개발해 더 큰 대박을 칠 수 있었다. 이후에도 마이크로소프트와 애플은 협업과 경쟁을 통해 혁신적인 성공을 이룩했다.

협업하지 않는 것은 곧 망하는 길이기도 하다. 마치 캄캄하고 어두운 새벽녘 혼자서 외롭게 운전하다가 한 치 앞도 안 보이는 안개를 만난 것처럼 말이다. 점점 치열해지는 경쟁사회에서 아이디어 고갈, 자본시대의 없는 총알, 남들보다 잘난 내 스펙이 없다면 당연히 남의 힘을 빌려야 한다. 남의 힘과 내 힘이 합쳐서 더 새로운 힘이 생긴다. 내가 보지 못한 시장을 보고 새로운 것을 재창조하는 것이 바로 융복합이다.

협업 전문가 한국협업진흥협회 윤은기 회장은 이렇게 말한다.

"회사가 망하는 비결 확실한 거 하나만 말할게요. 회사 임직원들과 대표가 아침과 저녁에 똘똘 뭉쳐서 아침부터 밤늦게까지 일하면 망합니다."
"CEO들이 일상 업무에서 벗어나 외부 전문가들을 자주 만나고 업무시간 중 3분의 1을 외부 변화에 어떻게 활용할지에 사용해야 합니다."

이는 협업collaboration의 중요성을 강조한 것이다. 지금은 기업이 핵심 역량에만 집중하면 망하기 쉬운 시대다. 타부분간에 서로 소통하고 협력해야 한다.

2011년에 현대자동차그룹은 현대건설을 인수했다. 나도 그편에 현대건설로 그룹 전출을 하게 되었다. 제조업과 건설업의 만남. 처음에 그것은 물과 기름처럼 이질적이었다. 제조업은 컨베이어 벨트를 통해 규격화, 제품화된 예측 생산이 가능하다. 반면에 건설업은 수주산업이다. 발주자로부터 주문을 받아 생산 활동에 착수하고, 구조물을 완성하여 인도하게 된다. 또한, 건설업은 생산 활동이 옥외적, 분산적이다. 시공은 주로 옥외에서 이루어진다. 공사현장도 고정되어 있지 않아서 지속성, 정착성이 없다. 특히, 원가 면에서도 차이점은 매우 크다. 제조업의 경우 생산비용이 고정적, 일률적으로 지출되므로 간접비용의 일

나는 스펙보다 태도가 좋다

률적인 예측이 가능하다. 즉, 자동차를 구성하는 수만 개 부품에 대한 원가분석과 절감이 충분히 가능한 것이다. 그러나 건설업은 개별 공사마다 그 내용과 조건이 서로 다르므로 직접비재료비, 노무비, 경비에 대한 간접비 비율도 균일하지 않다.

이처럼 제조업과 건설업 차이는 매우 크지만, 현대건설이 현대자동차그룹에 편입된 지도 벌써 5년이 지나고 있다. 이제는 서로 불충분한 점을 충분히 메워주고, 시너지를 발휘하고 있다고 본다. 창조적이고 스케일이 큰 건설업 문화가 디테일하고 분석적인 자동차 경영 스타일을 만나 더 큰 미래를 보게 된 것이다.

최근 현대건설은 한국도로공사에서 발주한 '서울~세종 고속도로' 첫 공구를 연이어 수주했다. 일명, 제2경부고속도로라고 불리는 서울~세종 고속도로는 국내에선 최초로 각종 최첨단 ICT정보통신기술가 접목된, '스마트 하이웨이'로 설계될 예정이다.

국토교통부 발표로는 서울~세종 고속도로는 차량 통과 시 자동으로 정산되는 '스마트 톨링' 시스템과 함께 운전대에서 손을 놓아도 스스로 달리는 '자율주행 자동차무인자동차'를 공식 허가하는 도로가 될 예정이라고 한다.

차선과 차간거리를 유지하며 달리는 자율주행 기술과 지능형 교통시스템ITS의 최고 기술을 가진 현대사동차와 한국 건설의 산승인인 현대건설의 시너지는 그야말로 융복합 창조경영의 좋은 사례다.

나는 대학교에서 노어노문학을 전공했다. 덕분에 현대자동차에서 러시아 해외주재원 생활도 약 4년간을 했지만, 건설회사로 오니 나 자신이 너무 부족함을 느꼈다. 마침 회사에서 대학원 학업을 지원해 주는 프로그램이 있어, 한양대학교 공학대학원 건설관리학과를 2년 반 동안 주경야독을 하며 다니게 되었다. 석사 학위 논문도 우수논문상을 받으며 영광스럽게 졸업했다. 내가 알지 못하는 새로운 분야를 나이가 들어 공부하는 것은 매우 큰 즐거움이었다. 어문학으로 학사 전공을 하고, 공학대학원에서 공학석사 학위를 받는 것 자체만으로 융복합 인재 사례가 아닐까? 대학원을 졸업한 이후로 건설 산업에 대한 더 큰 이해와 배경지식의 향상으로 현업에 상당한 도움이 되었다고 자부를 한다.

그렇다면 회사에서 융복합 인재가 되려면 어떻게 해야 할까? 나는 첫째로, 순환근무를 강조하고 싶다. 그것도 내가 비슷한 분야가 아닌, 완전히 다른 분야로의 순환근무 말이다. 처음에는 물론 힘들 것이다. 적응하기도 만만치 않을 것이다.

그러나 개인적으로는 다양한 경험과 전문지식을 쌓을 수 있다. 또한, 개인 네트워크를 더 넓힐 수도 있다. 회사 측면으로는 매우 노력하는 또 한 명의 직원을 키울 수 있다. 순환근무로 타부서에 가면 매너리즘이란 없다. 그야말로 신입사원이 되는 것이다. 매일 야근도 하고, 주말에도 나오며 새로운 업무를 익히고 노력하게 된다. 그리고 그 속에서 다른 사람들이 보지 못하는 것을 새로운 각도로 보게 되며, 더 신선하

나는 스펙보다 태도가 좋다

고 창의적인 아이디어가 나올 수 있다. 이 얼마나 누이 좋고, 매부 좋은 것인가?

다음은 다양한 분야의 사람들을 자주 만나는 것이다.

타 분야 사람을 만난다는 것은 곧 그 분야에 대한 몇십 권 책을 읽는 것과도 같은 효과다. 우리는 매일 똑같은 사람, 편한 사람만 만나려고 한다. 그러나 그 속에서 발전은 어렵다. 나와 이질적이고 다른 사람들을 만나서 서로 의견도 공유하고, 좋은 점을 배워야 한다. 이게 바로 진정한 융복합형 인재다.

그대여 성공하고 싶은가?
그러면 협업하라! 융복합과 시너지를 위하여!

6

무색無色, 무취無臭, 무미無味, 보드카처럼 살아라!

나는 '러시아'와 인연이 많다. 대학교에서 노문학과 전공 6년, 러시아 상트페테르부르크에서 주재원생활 4년까지, 내 인생에서 약 10여 년간을 러시아와 관계 맺어왔다. 지금도 술자리에서 러시아에서의 독특한 경험을 안주로 삼으며, 그 인연은 계속 이어져 오고 있다. 핀란드만의 몽환적인 백야와 낙조, 에르미타주 박물관, 피터폴 요새, 이사크 성당을 가로지르는 네바 강 산책, 넵스키 대로, 여름 궁전, 대자연 속의 러시아 교외 모습 등은 아직도 마음속에 아련하다. 예술에 대한 열정과 작은 선물에 감동하고, 가난하지만 삶의 기쁨을 아는 러시아 사람들과

나는 스펙보다 태도가 좋다

의 추억은 지금도 내 가슴 속에서 좋은 기억으로 자리 잡고 있다.

재수를 하고 1994년도에 대학교에 입학했다. 그 당시는 노태우, 김영삼 정권의 북방외교가 한참 빛을 발했던 시기였다. 어학을 좋아했던 나는 주저 없이 노어노문학과를 선택했다. 입학과 동시에 전공 공부를 열심히 했다. 졸업 후 동시 통역사나 러시아와 관련된 비즈니스 등을 하고자 했다.

1998년, 군대를 전역할 무렵 러시아는 모라토리엄Moratorium을 선포했다. 외화 지급 불능인 국가 파산을 선포한 것이다. 전공을 살리고자 했던 난 그 꿈을 버리고, 경영학을 복수 전공했다. 그리고 현대자동차에 입사했다. 국내영업본부에 신입사원 배치를 받아서, 러시아와 인연이 없을 줄 알았다. 그러나 러시아와 인연은 현대자동차 러시아공장 생산법인에서 다시 시작되었다. 그곳에서 가족과 함께 약 4년간을 보냈다. 초기 주재원으로 많은 고생과 어려운 점도 많았지만, 러시아에서의 지난날들이 벌써 좋은 추억으로 다가오는 듯하다. 내 아내와 아이들도 그때 생활을 그리워한다. 물론, 이역만리에서 고생한 것이라 더 기억이 나는 듯하다.

러시아 하면 무엇이 먼저 떠오르는가? 빼어난 금발의 미녀, 아름다운 문화와 예술, 보드카와 마피아, 모스크바, 스킨헤드, 상트페테르부르그, 푸틴의 나라 정도일 것이다. 그러나 내가 경험한 러시아에는 함부로 무시 못 할 무언가가 여전히 잠재해 있다. 러시아의 잘못된 편견을 버리면, 분명히 그 나라 문화와 사람들 기질과 태도 속에서 배울 것이 참 많다.

첫째, 우리는 무색無色, 무취無臭, 무미無味의 '보드카'와 같은 사람이 되어야 한다. 아시다시피, 러시아인들이 가장 즐겨 마시는 술은 보드카다. 보드카는 밀과 감자 등을 당화하고 효모를 넣어 발효시킨다. 다음 여분을 깨끗이 증류하여 40%의 알코올을 만들어 낸다. 러시아인들이 보드카를 만들 때 40도를 고집하는 이유는 '멘델레예프' 때문이다. 화학 원소 주기율표를 만들어서 전 세계 화학 발전에 지대한 공을 세웠던 러시아 화학자 멘델레예프가 알코올은 40%에 가장 안정적인 구조를 유지하고, 적당히 마시면 인체에 오히려 해가 없다고 주장했기 때문이다. 소주보다 보드카를 마시면 다음 날 숙취가 없는 것을 보면 멘델레예프 말은 사실인 것 같다. 맥주와 섞어 먹지만 않는다면 말이다. 또한, 보드카는 무색無色, 무취無臭, 무미無味의 술이다. 그만큼 술 다운 술이라 할 수 있겠다. 보드카를 제일 맛있게 마시려면, 냉동고에 땡땡 얼려서 마시는 게 좋다. 40%의 알코올함량으로 냉동고에 있어도 절대 얼지 않는다. 냉동 상태에서 마시면, 마치 젤리처럼 끈적끈적하다. 그 상태에서 마셔야 보드카 진미를 느낄 수 있다.

현대자동차에서 최근까지 부사장을 맡고 계셨던 분이 약 10년 전 부장일 당시 회식자리에서 이렇게 말씀하셨다.

"사람은 조직생활에서 무색無色, 무취無臭, 무미無味해야 해! 내가 누구 사람이고, 어떤 라인이며, 어떤 출신이라는 것이 결코 중요한 게 아니거든.

나는 스펙보다 태도가 좋다

내가 당장 그것으로 잘 나갈 수도 있겠지만, 직장생활을 멀리 본다면 그것은 매우 경계해야 하는 거지. 멀리 보면, 그것으로 오히려 발목 잡힐 수도 있고 말이야. 그리고 내가 누구의 사람인 것이 회사 차원에서는 전혀 중요하지 않아."

그분은 오롯이 실력으로만 올라오신 분이다. 지방대학교를 나오셨지만, 샐러리맨 최고 직위까지 올라가셨다. 직장에서 무슨 학교 출신, 무슨 고향 출신, 공채 몇 기수 등의 라인이 예전보다는 많이 없어졌다고는 한다. 그러나 여전히 관계를 중시하는 한국 사회에서는 아직도 알음알음 존재한다. 그런 줄로 올라가려는 사람은 결코 오래갈 수 없다. 왜냐하면, 그 줄이 회사 오너가 아닌 이상 영원할 수 없기 때문이다. 오히려, 주위 견제나 시기를 더 받을 수도 있다. 사람은 보드카처럼 '무색無色, 무취無臭, 무미無味'한 청명한 사람일수록 직장생활에서 더 롱런할 수 있고, 성공할 수 있음을 나는 확신한다.

둘째, 러시아인들은 규칙과 약속을 매우 잘 지킨다. 러시아는 현지어로 "다가보르계약"의 나라다. 무엇이든지 계약을 맺어야 하고, 서명하고 도장을 찍어야 비즈니스가 성립된다. 회사가 생활용품이나 회사 비품 같은 사소한 것을 구매하는 것에도 계약은 필수다. 계약서에 서명하기에 앞서 회계사와 변호사 검토까지 거치려면 그야말로 한세월이다. 낭상 회사 경영층 의전에 비품으로 활용해야 하는데, 이긴 참 난감한 일이다. 그러나 철저한 문서 계약이 이뤄지면 그것만큼은 또 칼같이 이행된다.

직원들 업무 스타일 또한 그렇다. 그들은 정규 업무 시간만큼은 몰입을 통해 집중근무를 한다. 업무시간에 스마트폰을 보거나 인터넷을 하는 직원은 없다. 전날 숙취로 지각하거나, 땡땡이를 치려는 직원도 없다.

그러나 그들은 국경일에 놀고, 주말에 쉬어야 한다고 생각한다. 이것을 어기면 주 중에 대신 하루를 쉬어야 한다. 점심시간이나 퇴근 시간을 조금 넘겨도 그들 표정은 일그러진다. '뻬레르프휴식시간'에 공공기관에 가면 창구가 닫혀 있거나, 관리하는 분한테 핀잔을 듣기 일쑤다. 때로 이런 그들 행동에 관리자인 우리는 분통을 터트리기도 한다. 하지만 러시아인들 습성을 이해한다면 충분히 긍정으로 다스릴 수 있다. 그야말로, 일할 때는 열심히 일하고 놀 땐 확실히 노는 사람들이다.

셋째, 러시아인은 문화를 아는 품격 있는 사람이다. 나치와 한창 전쟁이던 1941년, 레닌그라드 '필하모닉' 오케스트라 연주장은 입구부터 홀까지 수많은 인파들로 초만원을 이루었다. 전시 체제로 인해 무기 연기된 '필하모닉' 정기연주회가 재개됐기 때문이었다. 생사의 갈림길에서 한가롭게 음악 감상을 하기 위해 콘서트장을 찾기는 쉽지 않은 일이다. 1941년부터 1944년까지 독일과 900일간의 항쟁 속에서도 러시아인들은 기아와 총탄의 위협을 무릅쓰고 그들의 찬란한 문화유산 '에르미타주 궁전'을 지켰다.

나는 러시아에 있을 때 거주지가 상트페테르부르크인지라 휴일에 '마린스키 극장'을 자주 찾곤 했다. 마린스키 배우들은 세계 최고들로

나는 스펙보다 태도가 좋다

구성되어 있고 연기력 또한 대단하다. 나는 이 극장에서 세계적인 걸작 『백조의 호수』, 『호두까기인형』, 『잠자는 숲 속의 미녀』, 『돈키호테』 등 다양한 공연을 보았는데 그곳에서 인상적인 모습은 바로 러시아인들이 예술을 대하는 태도였다.

러시아인들은 극장에 다니는 것을 생활화하고 있었다. 거의 한 달에 한 번꼴로 음악회를 다닌다. 개중엔 매주 가는 사람들도 있고, 적어도 일 년에 한두 번은 극장을 찾는다. 하지만 극장을 다니는 횟수보다 중요한 것은 그들이 진정 극장을 사랑한다는 사실이다. 추운 겨울 저녁에 오페라나 발레가 공연되는 전용 극장에 가 보면 모든 관객이 거의 하나같이 정장 차림을 하고 공연을 관람한다. 그들 차림새는 결코 세련되었다고는 볼 수 없으나, 집안 옷장에서 제일 좋은 옷을 골라서 정성껏 몸을 치장한 흔적들은 역력하다. 특히, 여성관객들은 별도로 정장용 구두를 가방에 넣어 와 보관실에 외투를 맡길 때 갈아 신고 화장을 고친 다음 홀로 들어간다. 훌륭한 공연은 좋은 마음 자세를 가지고 관람에 임해야 하며 올바른 마음 자세를 위해서는 외관을 바로 갖추어야 한다는 것이 이들의 생각이다. 이처럼 러시아인들의 예술에 대한 열정과 태도는 대단하다.

대자연의 아름다움에 감사하며, 굶주린 새들에게 소중한 빵을 아낌없이 나누어주는 러시아인들. 그들은 삶의 기쁨을 아는 사람들이었다. 어떤 고난과 역경이 찾아와도 끝내 이겨낼 것 같은 대국의 여유와 자존심. 그것은 우리가 배워야 할 자세이며, 직장인이 꼭 갖춰야 할 덕목이다.

7

마케팅은
연애하는 것처럼!

한국아스트라제네카에서는 영업 전문가 100명을 대상으로 설문조사를 했다. '영업맨이 갖춰야 할 가장 중요한 덕목'에 대한 질문이었다. 그 결과, 1위로 성실성이 69.9%, 2위로 끈기와 인내가 12%, 3위로 친화력이 9.6%를 차지했다. 다음 4위로 전문지식이 4.8%, 체력이 3.6%의 마지막 순서였다. 결론적으로, 현장 마케팅의 가장 중요한 요소는 전문지식보다는 내적 자질과 태도였다. 실전 마케팅, 즉 수주 영업 또한 태도가 더 중요함을 반증한다고 할 수 있다.

나는 스펙보다 태도가 좋다

"나는 내근 업무가 너무 많아서 말이야."

"직접 전화로 하지 뭐. 불편하게 왜 돌아다녀."

점점 SNS와 인터넷이 발달하고 '김영란법'이 등장하면서, 발주처나 정부와 공공기관 등의 현장에 방문하는 발걸음이 뜸해진 게 현실이다. 하지만 그 이면에는 신규 네트워크 구축과 새로운 사람을 만나는 것에 대한 막연한 두려움과 불편함 또한 존재한다. 그러나 이걸 깨버려야 한다. 제품 홍보를 위해서 광고CF가 중요하듯이, 수주 영업 마케팅 담당자는 당사 얼굴이자, 프로젝트 수주 동력임을 잊지 말아야 한다.

현대자동차 국내영업본부에서 근무할 때였다. 약 20여 개 지역본부가 있고, 약 1,000여 개 지점과 대리점이 있다. 월말마감이 끝나면 최우수 지역본부부터 꼴찌 지역본부까지 순위가 매겨진다. 지점 또한 전국 1위부터 꼴찌까지 순서가 생긴다. 정말 그 경쟁은 말로 표현할 수 없다. 카마스터영업사원에게도 판매 대수에 따라 다양한 성과 포상제도가 있다. 이렇게 치열한 경쟁과 노력 속에 내수 시장 성공이 나올 수 있었다.

현대건설은 자타가 공인하는 국내 건설업계 맏형이자 신화다. 1970~80년대 중동 건설 수주를 통해 국가 경제를 일으킨 장본인이기도 하다. 건설 산업은 수주 영업이 근간이다. 수주를 통한 건설현장에서 사업관리를 통해 매출과 영업이익이 발생한다. 그러나 지속적인 SOC사회간접자본 예산 축소와 경기 침체로 인해 국내 건설업체 경쟁도 그만큼 치열하다고 할 수 있겠다.

해외 건설 경기 또한 유가 하락 등의 영향으로 그동안 엘도라도였던 중동지역으로부터 수주가 매우 어려워졌다. 현재 건설 산업은 위기지만 기회이기도 하다. 현대자동차에서의 영업이 관리 영업이었다면, 현대건설에서는 발로 뛰는 영업이다. 직접 중앙부처 공무원도 만나고 발주처 직원도 만나며, 동종 타사 영업맨들과 네트워크도 엮어가야 한다.

그래서 기존에 맺었던 인간관계 틀이 건설회사 전출 후 새롭게 재편됐다. 학교나 회사, 친구들의 작은 인맥 속에 내가 존재했다면, 이젠 정말 다양하고 새로운 인맥 속에 내가 존재한다.

처음 세종시 국토부 공무원을 만나러 갈 때 모습을 잊을 수가 없다. 우물쭈물하고 뭔가 자신감 없는 그런 모습이었지만, 여러 시행착오 속에 나만의 노하우가 생겼다. 여기서 살짝 공개하고자 한다.

첫째, 실전 마케팅은 연애하는 것처럼 해야 한다는 것이다. 연애의 기본은 내가 먼저 다가서는 것이다. 수동적이면 안 된다. 내 여자로 만들기 위해 얼마나 많은 노력과 인내가 필요한지 다들 경험해 보았을 것이다. 처음에 여자가 몇 번 싫은 내색을 피력했다고 거기서 낙담하거나 실망할 수 없다. 그럴수록 어떻게 하면 친해질 수 있는지, 내 것으로 만들 수 있을지 전략을 짜서 다시 도전해야 한다.

중앙부처 사무관 정도 되면 당연히 시간이 없거나, 대개 안 만나주려고 한다. 김영란법이 시행하고 나서 더욱 그렇다. 누구 소개나 인맥이 있다면 좋겠지만, 그게 없다면 상대방에게 인간적인 호기심을 심어

　　　　　　　　　　　나는 스펙보다 태도가 좋다

줄 필요가 있다. 처음 만나자마자 업무 얘기를 꺼내는 것은 하수다. 시작은 공통화제, 관심사부터 꺼내면 좋다. 그리고 본인만의 업무 노하우나 지식을 전파해 주는 것이다. 정부청사가 세종시로 이전했고, 공공기관은 대부분 지방 혁신도시로 이전했다. 그래서 그들 또한 업계 이야기나 새로운 소식 등을 듣고 싶어 한다.

나 같은 경우는 러시아에서 4년 동안 주재했던 이야기가 큰 효과를 보았다. 특히 남들이 경험해 보지 못한 이야기는 상대방에게 인간적인 호기심을 줄 수 있다. 그리고 상대방을 만나 "이 사람 참 괜찮은 사람이네." 하는 호감을 줄 수 있다는 자신감도 필수다. 그렇기 위해서는 철저한 전문지식 습득과 성숙하고 인간적인 품성을 갖춰야 한다.

처음에 대북사업을 준비하는 '미래 한반도 프로젝트'를 맡고 나서, 그 분야의 네트워크를 구축할 때였다. 건설산업연구원 남북 경협 권위자를 꼭 만나서 새로운 정보를 얻어야 했다. 그래서 전화로 어렵게 약속을 하고, 다음 날 바로 찾아갔다. 처음에는 시큰둥한 표정이었지만, 지금은 그 날의 인연으로 인간적으로도 친한 사이가 되었다. 왠지 전화하면 두렵고 안 만나줄 것 같아서 미리 회피하거나 포기하는 것은 절대 금물이다. 실전 마케팅의 핵심은 '일단 시작했다'는 데 있다. 일단 관계를 터놓으면, 그다음은 일사천리다. 머리보다 발이 빨라야 하는 이유가 바로 거기에 있다.

두 번째는, 영업은 Give & Take가 아니라 바로 Give다. 약속하고 발주처 직원을 만나러 갈 때 그냥 가면 뭔가 허전하다. 그렇다고 선물을 들고 나가라는 것이 아니다. 그 사람에게 '할 말'과 전달할 '업무 아이디어, 개선 사례 등'을 가지고 나가야 한다. 회사 보안에 어긋나지 않는 수준으로, 내가 작성한 보고서나 연구서, 책을 가지고 가면 그 어떤 선물보다 값어치가 있다.

우리 본부 중역이신 J 상무님의 영업스타일은 후배들에게 많은 귀감이 되고 있다. 그분은 약 30년간을 영업해오시면서 그 흔한 골프나 술 접대 등을 해 보시지 않았다. 다만, 꼭 사람을 만날 때 무엇이든지 들고 가셨다. 주로 업무자료나 아이디어 같은 것이다. 들고 가신 게 없는 날에는 당일 가서 질의할 것을 미리 준비하셨다. 즉, 지식과 노하우를 공유한 것이다. 항상 한결같고 도움을 주는 이미지는 상대방에게 크게 어필할 수 있다. 중앙부처에서 새로운 정책을 추진하거나, 신년 업무계획을 수립할 때도 이런 아이디어는 매우 환영을 받는다.

최근 김영란법 도입부정 청탁 및 금품 등 수수의 금지에 관한 법률이 화제다. 공직자와 언론사·사립학교·사립유치원 임직원, 사학재단 이사진 등이 부정한 청탁을 받고도 신고하지 않거나, 직무 관련성이나 대가성에 상관없이 1회 100만 원연간 300만 원이 넘는 금품이나 향응을 받으면 형사처분하도록 하고 있다. 김영란법으로 인해서 앞으로 한국식 영업과 마케팅 패러다임이 변화하고 있다.

김영란법이 시행되면 식사와 선물 등 접대와 청탁이 모두 제재 대상이 됨에 따라 기존 접대 관행에 대대적인 변화가 불가피해졌다. 농수축산업계와 요식업계가 소비 위축에 따른 장기 경기 침체를 우려하고 있다. 부정 청탁이나 직무 관련성 등에 대한 구체적 판례가 확립되기까지

나는 스펙보다 태도가 좋다

2~3년이 걸릴 것으로 보여 상당 기간 혼란이 예상된다.

이런 김영란법에 "아이디어나 지식 공유"는 매우 효율적인 마케팅 수단이자 대안이 될 수 있다. 서로 부담은 안 되지만, 돈으로도 환산할 수 없는 아이디어 공유는 또 다른 가치가 있다.

마케팅을 연애처럼 했을 때, 그 성취감은 이루 말할 수 없다. 여러 번 도전해서 여자 친구를 만난 것처럼, 무언가를 스스로 '해낸' 기억은 매우 오래간다. 특히 처음으로 해내거나 크게 해낸 것은 잊히지 않는다. 그리고 다음 필요한 것은 약간의 성실함과 용기다.

자 이제, 두려워하지 말고 누구라도 만나자. 연애했던 기억을 떠올리자. 고기를 잡기 위해서는 그물을 던져야 하듯, 뭐라도 얻어걸리려면 뭐라도 해야 한다.

8

직장생활
처음과 끝이 중요하다

최근 한 취업포털 사이트_{사람인}에서 기업 인사담당자 1,577명을 대상으로 '이직 시 꼴불견 태도를 보였던 직원 여부'에 대해 설문조사를 진행했다. 그중 83%가 '있다'라고 답했으며, 꼴불견 태도 1위는 갑작스러운 퇴사 통보로 꼽혔다. 그 외로는 제대로 하지 않은 인수인계, 진행 중인 업무 마무리를 하지 않음, 업무 분위기 흐림, 잦은 지각 및 근태 불량 등이 꼽혔다고 한다. 직장생활이 시작도 중요하지만, 유종의 미를 거두는 것도 참 중요한 듯싶다.

나는 스펙보다 태도가 좋다

직장인이라면 누구나 퇴사 순간이 온다. 언젠가는 나가야만 한다. 지금 직장이 꽤 못마땅해 옮기고 싶다거나, 혹은 안정적인 직장에 있다 하더라도 왠지 현실에 안주하고 있다는 느낌이 들 때가 있다. 또한 상사가 마음에 들지 않거나, 욱하거나 해서 감정적으로 나가는 일도 있다. 그리하여 많은 이들이 이직을 꿈꾸고, 퇴사하곤 한다.

반면에 내 의사와는 달리 회사가 나가라고 할 때도 있다. 그게 정년 퇴직일 수도 있고, 명예퇴직일 수도 있다. 예기치 못한 징계 또는 관리 감독 소홀 등으로 언제든지 회사에서 나가는 경우일 수도 있다. 문제는 항상 끝마무리다.

현대자동차로 입사해서 강남에 소재한 지역본부로 발령받았을 때 일이다. 그 당시 지역본부장님은 나이가 지긋하신 중역이셨다. 영업사원으로 입사하셔서 관리직 중역까지 오르신 입지전적인 인물이셨다.

연말에 회사 인사 정책상 그 지역본부장님은 회사를 나가셔야 했다. 문제는 퇴사 후의 일이었다. 퇴사 통보를 받고서 본인이 사무실 짐들을 싹 정리하신 것이다. 그리고 직원들과 그 어떤 안녕의 인사와 위로도 없이 그냥 야반도주하듯이 가 버리셨다. 신입사원인 나로서는 당황할 수밖에 없었다.

"그분이 무슨 잘못을 하셨나?"
"몇십 년 동안의 직장생활이 한순간이로구나……."

만감이 교차할 수밖에 없었다. 그 이후에 봤던 중역들도 대부분 소리 없이 나가시거나, 간단히 팀장급들과 악수만 하시고 조용히 떠나시는 것을 자주 봐왔다.

임원이 아닌 직원 중에서도 자신 치부를 드러내며 그동안의 정까지 떨어지도록 나가는 직원도 있었다. 또 어떤 이는 소리소문없이 퇴사해서, 몇 달 뒤 사내 메신저 검색에서 이름이 조회가 안 되는 것을 보고 "어? 그 친구 그만뒀어요?"라며 근황을 묻게 하기도 했다.

퇴사라는 과정을 겪으면 당연히 감정이 상할 수밖에 없을 것이다. 껄끄러워지거나 어그러질 수밖에 없는 관계들 속이라면 더욱 그렇다.

"몇십 년 동안 내 청춘을 바쳐온, 내 첫 직장이었던 곳."

"이 회사에 입사해서 결혼도 하고, 자식도 낳고, 집도 장만했었는데……."

라고 자조하며, 마음이 아픈 것은 어쩔 수 없을 것이다. 그러나 그 관계들 속에서 함께한 소중한 시간이 자기 삶의 일부분이었음을 떠올린다면, 내 인생에 최고 전성기였던 회사생활에서 그 마무리는 매우 중요하다.

나 또한 현대자동차에서 현대건설로 올 때 만감이 교차했었다. 그룹 전출 시에는 퇴사 절차를 밟고, 퇴직금까지 받고 오게 된다. 현대건설에 와서 새로운 사번을 부여받고 다시 시작하기가 그리 쉽지는 않았다.

2011년에 현대건설로 왔을 때, 계동에 있는 본관 사옥 일부에는 현대자동차 국내영업본부가 입주해 있었다. 그래서 예전에 같이 근무한

직원들을 자주 볼 수 있었고, 그들과도 즐겁게 잘 지낼 수 있었다.

지금의 나는 현대건설에서 새로운 네트워크를 구축하고 있다. 현대 자동차에서 같이 근무했던 직원들과도 지속적인 연락과 정기적인 모임을 하곤 한다. 처음에 입사해서 같이 고생했던 동기들이 있는 곳, 사원, 대리 때 함께 근무하며 많은 추억이 서려 있는 곳이라 더욱 애착이 간다. 특히, 예전에 정들었던 직원들 모습은 아직도 기억에 선명하다.

자발적인 퇴사가 아닌 원치 않는 해고, 즉 권고사직·명예퇴직·징계 등의 사유로 회사를 나가야 한다면, 이때 절대 나쁜 인상을 남겨서는 안 된다. 치솟아 오르는 화를 참아낼 때 진정한 승리자가 되는 것이기 때문이다. 이제 그만둘 것이라고 악한 언행을 한다면 그동안 회사에서 쌓아온 덕과는 상관없이 사람들은 당신의 마지막 모습만을 기억하게 될 것이다. 해고를 당한다면 감정의 상처를 입지 않을 수는 없을 것이다. 하지만 더 나은 미래를 위해 감정을 빨리 추슬러야 하며, 항상 자신감과 열정을 가지고 있어야만 한다.

항상 연말이 되면 중역들 표정이 좋지가 않다. 특히, 실적이 안 좋은 임원은 더욱 그렇다. 직장인의 꽃은 바로 임원이지만, 실적이 안 좋으면 그야말로 면직이다. 자본주의 세계에서 성과가 안 좋으면 떠나는 것은 어쩌면 당연한 일이다. 그러나 그 끝은 아름다웠으면 한다. 직장을 떠날 때 직원들과 일일이 악수하고 덕담하며 아름답게 퇴장을 하시는 분들도 많이 봐왔다. 프로야구 선수들처럼 은퇴식은 아니더라도, 몇십 년간 고생하고 떠나시는 분에게 은퇴를 기념하는 이벤트를 열어

주는 것은 어떨까? 실제로 외국에서는 이런 사례가 있어 소개해 보고
자 한다.

"다운증후군을 앓고 있음에도 불구하고 맥도날드에서 수십 년간
일해 온 여성이 은퇴한다는 소식이 누리꾼들의 관심을 한몸에 받고
있다.

2016년 8월 30일 영국 일간 데일리메일은 다운증후군 장애를 가진
프리아 데이비드Freia David가 1984년 미국 매사추세츠 주에 있는 니드
햄Needham 맥도날드에서 일을 시작한 지 32년 만에 은퇴식을 가졌다고
보도했다.

데이비드는 매사추세츠 주에서 '지역사회 장애인 일자리 프로그램'
을 통해 맥도날드에 입사한 첫 번째 장애인이었다. 데이비드와 함께 들
어온 동료 두 사람은 6개월을 채 버티지 못하고 이곳을 떠났다. 하지만
그녀는 무려 32년간 맥도날드에서 감자튀김을 전담해 지금까지 무려
45만kg의 감자튀김을 고객에게 제공하며 책임감 있게 일해 왔다.

그러나 데이비드가 점점 나이가 들면서 예전보다 기억을 잘하지 못
하자 데이비드의 엄마 안넬리제Anneliese David, 90는 그녀에게 맥도날드를
그만둘 것을 권유했다. 결국 데이비드는 오랜 시간 함께 해왔던 맥도날
드를 떠나기로 했다.

이에 맥도날드 직원들은 100여 명의 지역 주민들을 초대해 뜻깊은
'은퇴식'을 열며 데이비드를 떠나보내야 한다는 아쉬움을 달랬다. 그녀
은퇴식에 참석한 매사추세츠 주 하원의원은 지역사회를 위해 열심히
일해 준 데이비드에게 감사를 표하며 감자튀김 펜던트가 포인트인 은

목걸이를 선물하기도 했다.

맥도날드 운영 감독 밥 브로튼Bob Broughton은 "데이비드는 맥도날드 가족과 다름없었다."며 "우리는 언제나 그녀를 존중하고 기억할 것이다"라고 전했다. 은퇴식의 주인공 데이비드는 "나는 오늘 정말 행복하다"며 "맥도날드에서 만난 모든 친구들을 좋아한다."고 은퇴 소감을 발표했다. 한편 맥도날드는 더는 수입이 없는 데이비드를 위해 항상 무료 식사를 제공하겠다고 약속한 것으로 알려졌다."

[출처: 서울경제신문. 2016.8.31]

사람은 항상 들어갈 때와 나갈 때를 잘해야 한다. 화장실에서도 그렇다. 직장에서는 더욱 그렇다. 처음 입사할 때 초심을 가지고, 퇴사할 때에도 당당하고 멋지게 퇴사하는 그런 멋진 직장인이 되었으면 한다.

9

인생 2막은
지금부터 준비하자

회사는 우리에게 너무나 고마운 존재다. 소속감을 느낄 수 있고, 나라는 존재감을 느끼게 해 준다. 주기적으로 교육도 해 주고, 사소하지만 회식도 시켜준다. 매우 다양한 스펙트럼의 연령층과 교감하며 균형적인 사고를 하게 하고 감각을 늘 날카롭게 벼려준다. 월급이 제때 나오니 적은 금액이라도 만족하며 살 수 있다. 매일 무엇을 할지 고민하지 않아도 된다. 자영업자가 월급날이 공포의 날이라면, 회사원들에게 월급날은 또 열심히 일할 수 있는 에너지 주사를 맞는 날이기도 하다.

나는 스펙보다 태도가 좋다

그런 것들 외에도, 우리는 인지하지 못하지만, 회사로부터 많은 것들을 받고 있다. 의료비, 교육비, 보험 혜택, 학자금, 각종 복지지원 등이 그것이다. 만약 당신이 회사를 그만둔다면, 그 순간부터 모든 것을 혼자 힘으로 해나가야 한다. 상사와의 관계, 야근의 연속 등 시간에 끌려다니지 않으니 잠시 좋을 수도 있다. 하지만 당장 생계가 걱정이고, 아내와 처자식들 눈치 보기가 쉽지 않을 것이다.

회사는 냉정하다. 월급을 받는 만큼 값을 못하거나 가치를 보여주지 못하면 나가야 한다.

바야흐로 인생 100세 시대다. 현역에서 잘 나갈 때 인생 2막 준비를 해야 한다. 퇴직은 누구에게나 피할 수 없는 미래다. 게다가 은퇴 후 겪게 되는 사회적 단절감은 때때로 고통이 된다. 회사는 절대 자비로운 곳이 아니다. 언제라도 회사가 나가라면, 직원은 나가야 한다.

조직은 생성과 소멸, 분열과 통합을 반복하는 세포와도 같다.

샐러리맨이라면 누구나 한 번쯤 '임원' 타이틀을 꿈꾼다. 소수만이 오를 수 있는 임원 자리는 능력과 인간관계 등 모든 부분에서 인정을 받았다는 얘기다. 사원 때와는 180도 달라지는 임원 대우도 직장인들이 '별' 달기를 소망하는 이유다.

우선 연봉이 달라진다. 개인마다 차이가 있지만, 임원이 되면 장기성과급을 포함 '부장 초임' 때보다 평균 2배 이상 높은 임금을 받는다. 또한, 차량과 개인 업무 공간도 제공된다.

이렇듯 최고 대우와 막강한 권력을 휘두르던 임원들도 인사이동 때가 되면 덜덜 떤다. 실적이 나빠서, 오너나 CEO의 눈 밖에 나서, 권력 싸움에 져서 등, 여러 가지 사유로 평생 몸담고 충성을 다했던 조직을 떠난다.

S 그룹 임원인 K 상무가 있다. 그가 임원으로 있을 때는 업무적 관계 외에 외부 및 사적인 관계까지 모든 인간관계가 그의 직함을 배경으로 형성되었다. 그와는 S 그룹을 빼놓고는 얘기조차 되지가 않았다. 동창회에서도 또래 친구들 관계도 조직에서의 지위를 전제로 구축되었다.

그런데 어느 날, 그가 연말 회사 구조조정으로 갑자기 물러나게 된 순간 직함은 사라지고 K라는 본인만 남게 되었다. 그러자 동시에 주변에 들끓던 사람들도 동시에 사라지고 말았다. 그야말로 고립감과 패배감, 정신적 충격의 연속이었다.

고위 임원의 자리에서 물러나도 지금처럼 대접해 줄 것이라는 착각에 빠지지 말자. 임원 생활 동안 부하 직원과 비서들이 일상 업무 대행을 대부분 해줘서 인터넷뱅킹이나 버스 이용도 못 하는 경우가 다반사라고 한다. 언젠가는 다가올 퇴직, 미리 준비해서 나쁠 건 없다.

삼성전자와 현대자동차 노동 강도는 가히 상상을 초월한다. 업무 스트레스 또한 말도 못한다. 현대자동차에 있을 때도 매일 야근이었고, 주말에는 회사에 나가 업무를 보충했다. 그렇다 보니 가정을 멀리할 수밖에 없는 현실이었다. 보상과 복지 등은 국내 최고 수준이지만, 그만

큰 대가를 치러야 하는 구조다. 이 세상에 공짜는 역시 없다.

이렇게 회사에 충성하고 몰방하다가 갑작스러운 명퇴나 정리해고를 당하게 된다면? 이것은 당신이 될 수도 있고, 나도 당할 수 있다. 누구나 알지만 말하고 싶지 않은 불편한 진실이다.

그렇다면 직장인으로서 인생 2막을 어떻게 준비해야 할까?

가장 중요한 것은 바로 내 몸 건강관리다. 직장인에게 내 몸 건강은 그야말로 최고 자산이자, 최후 보루다. 몸이 아프면 회사에 출근할 수 없고, 당장 급여가 나오지 않아 생계가 막막해진다. 몸이 안 좋으니 총기도 없어지고, 새로운 일을 시작할 의욕과 정력을 잃게 되는 것이다. 건강은 나쁠 때 관리하는 것이 아니다. 건강할 때 오히려 더 관리하고 챙겨야 한다. 아직은 젊다고 과음하고 흡연을 하면 언젠가는 몸에 반드시 문제가 온다. 전날 밤 회식 때 과음을 하고 다음 날 업무가 힘든 경험은 누구나 있을 것이다. 과음으로 인한 업무와 건강 손실은 우리도 문제지만, 우리 사회도 큰 손실이 아닐 수 없다. 우리도 프로 선수들처럼 최고의 상태로 일상에 임하도록 하자.

둘째는 퇴근 후 2시간 관리다. 평생직장 개념이 사라진 지금, 40대도 퇴직 위험군에 속한다. 그러나 정신적, 육체적으로 지쳤기 때문일까, 대부분 시니어급 직장인은 저녁 시간을 아무런 의미 없이 사용해 버린다. 무의미한 회식의 연속은 시간 낭비일 뿐이다.

좀 더 나은 인생, 인생 2막을 멋지게 준비하고 싶다면 바로 시간의 품격을 높여야 한다. TV 드라마를 보면 그 순간은 즐거울지 모르나, 결국 남는 것이 없다.

퇴근 후 저녁 시간을 유용하게 사용하고 싶다면 하루를 이등분하여 저녁 식사 전과 저녁 식사 뒤의 시간으로 나눌 필요가 있다. 저녁을 먹고 나면 휴식이 아닌, 또 다른 하루를 시작하는 기분으로 일을 시작해 보자. 1년만 성실히 투자한다면, 자격증도 딸 수 있고, 외국어도 유창하게 사용할 수 있고, 새로운 미래를 준비할 수도 있다. 퇴근 후 2시간은 미래를 보여주는 거울임을 명심해 보자.

셋째는 인맥관리다. 인맥을 쌓기 위해 가장 기본이 되는 생일, 결혼, 장례식, 명절 등의 기념일과 대소사는 꼼꼼히 챙기되 본인에게 똑같이 돌아올 것을 매번 기대해서는 안 된다. 결혼식이나 장례식에는 참석하지 못하더라도 부조금을 전달하도록 하고, 애경사哀慶事는 반드시 챙기자. 지인의 장례식은 꼭 가는 것이 좋다. 정말 챙겨야 하는 사람이라면 단 일회성의 장례식 방문이 아닌, 오늘 가고 내일 또 가서 슬픔을 나눈다면 그 효과는 배가될 것이다.

직장인은 은퇴가 두렵다. 하지만 막연한 두려움만 갖고 어떤 준비도 못 하는 것이 현실이다. 지금 나이가 몇 살이든 직급이 어떻든 간에, **올해가 가기 전에 은퇴 후 원하는 삶을 뚜렷하게 그려보는 것은 어떨까?**

나는 스펙보다 태도가 좋다

Beginning and end
of work life are important

쿨한 대리, 멋진 부장 되는 비결

좋은 태도와 멋진 모습은 인생을 바꾼다

I Than spec Have a
good attitude

1

초심,
열심, 뒷심을 가지자

　사람의 마음 중 3가지 마음이 있다. 초심, 열심, 뒷심, 바로 3심이다. 초심이란 열정이 넘치고 가슴 뛰는 삶을 사는 것이다. 사람은 모순덩어리라 직장이 없는 사람은 취직을 위해 영혼이라도 팔 것처럼 행동한다. 취직만 되면 뭐라도 하겠다고 다짐을 한다. 하지만 막상 직장을 구한 후에는 행동이 달라진다. 매일 출근하는 것이 너무 싫단다. 하는 일이 지겹고 재미없단다. 상사도 맘에 들지 않고 비전도 없고 급여도 적다고 불평한다. 어떻게 해야 열정이 넘치고 가슴 뛰는 삶을 살 수 있을까? 어떻게 해야 처음 가졌던 초심을 회복할 수 있을까?

내가 신입사원 연수를 마치고, 처음 발령받은 곳은 현대자동차 국내 영업본부 강남상용지역본부였다. 그곳에 처음 출근하던 날, 그 떨리는 마음을 잊을 수 없다. 새벽에 출근해서 선임 직원들 책상을 일일이 걸레로 닦던 기억, 화이트데이 때 막대사탕 수백 개를 건물 내 모든 여직원에게 돌렸던 기억, 조용한 사무실을 씹어버릴 듯한 우렁찬 아침 인사 등, 이 모든 것이 신입사원의 의욕이었고 초심 그 자체였다. 아마 지금 하라고 하면 못할 듯싶다.

길듦을 조심해야 한다. 뭐든 처음에는 신이 난다. 가슴이 떨리고 호기심이 일어난다. 알고 싶고 공부하고 싶고 질문하고 싶다. 사람을 만나는 것도, 회사 일도 모두 그렇다. 하지만 시간이 지나면 감흥이 사라진다. 그저 습관적으로 일하게 된다. 하던 방식대로 그저 아무 생각 없이 일하는 것이다.

나태와 안정을 조심해야 한다. 안정되었다고 생각하는 순간 더는 변화와 노력을 하지 않기 때문이다. 끊임없이 변화하고 노력해야 한다. 매너리즘을 버려야 한다. 이게 바로, 초심을 잃지 말아야 하는 중요한 이유다.

둘째, 열심이다. 신입사원이 초심의 자세라면, 대리, 과장 마음은 바로 열심이다. 아무리 재능이 뛰어난 사람도 노력하는 사람을 결코 이길 수 없다. 대리, 과장 시절은 본인 업무가 꽃을 피우는 시기다. 이때 업무 스타일이 평생 가고, 평판도 같이 따라다닌다. 늦게까지 야근해서 작성한 보고서가 상사에게 인정을 받으면 뿌듯하다. 정말 일할 맛이 난다.

업무에 최선을 다하고 전문가가 되는 것도 중요하지만, 그보다 더 중요한 것이 바로 자기계발이다. 사원, 대리 시절, 이때가 최적의 기회다. 팀장급이 되면 자기계발을 할 여유가 좀처럼 나질 않는다. 퇴근 후에는 회사에서 여기저기 불려다니고, 주말에는 자식들, 양가 부모님들 챙기느라 머리가 터질 지경이다. 퇴근 시간이 되면 눈치 보지 말고 바로 퇴근하자. 퇴근해서 타 분야 사람들도 만나서 다양한 인적 네트워크도 쌓고 취미활동도 열심히 해 보자.

나는 사원 3년 차 때부터 스피치 학원에 다녔다. 그곳에서 수강생들 앞에서 발표하는 그 떨림과 두려움의 시간을 보냈다. 그런 소중한 경험들이 이제는 엄청난 내공이 되었다. 어디에서 발표하든, 보고하든, 강의하든, 청중이 많든 적든 간에 자신이 있다. 그리고 3분 스피치 훈련을 통해서, 어떤 주제를 줘도 즉시, 3분 안에 일목요연하게 발표할 수 있는 능력이 생겼다. 학창시절에 난 수줍고 내성적이었다. 그래서 대중 앞에서 발표하면 얼굴 근육이 파르르 떨렸던 기억이 있다. 대학교 프로젝트 발표시간에는 자료작성이 주 임무였고, 발표는 내 담당이 아니었다. 하지만 지금의 나는 그때 내가 아니다.

재능은 성공의 필요조건이지 충분조건이 아니다. 재능을 완전히 꽃 피우기 위해서는, 기회와 노력과 행운이 모두 필요하다. 아웃라이어 outlier는 '각 분야에서 성공을 거둔 탁월한 사람'이란 뜻이다. 우리는 아웃라이어들 성공 원인을 그들의 타고난 재능으로 돌리는 경향이 있다. 맬컴 글래드웰의 『아웃라이어』는 이런 상식에 이의를 제기한다.

"그들의 역사를 구분 짓는 진정한 요소는 그들이 지닌 탁월한 재능이 아니라, 그들이 누린 특별한 기회다"라고 주장한다.

그리고 그는 우리도 '아웃라이어'가 될 수 있다는 사실과 이를 위한 구체적인 방법을 제시한다. 자기 분야에서 최소한 1만 시간 동안 노력한다면, 누구나 아웃라이어가 될 수 있다는 것이다. 1만 시간이 별것 아닌 것 같지만, 매일 하루도 빼놓지 않고 3시간씩 연습한다고 가정했을 때, 10년을 투자해야 하는 엄청난 시간이다. 말콤 글래드웰은 아웃라이어가 되는 데 필요한 첫 번째 요인은 천재적 재능이 아니라 소위 '1만 시간의 법칙'이라고 불리는 쉼 없는 노력이라고 말한다. 퇴근 후 시간, 주말 시간 등을 합쳐서 짬짬이 자기계발을 한다면 3년 후, 5년 후, 10년 후 우뚝 선 내 모습을 발견할 것이다.

셋째는 뒷심이다. 뒷심의 사전적 정의는 "어떤 일을 끝까지 견디어 내거나 끌고 나가는 힘"이다. 팀장이 되었으면, 임원 직책을 달기 위해 꼭 필요한 것이 바로 뒷심이다. "언젠가는 승진되겠지, 연공서열이 있는데 말이야", "나는 부장으로 쭉 갈래, 임원 되면 바로 잘릴 텐데 뭐" 이런 너무나 소박하고 안일한 생각의 소유자들이 너무나 많다. 직장인일수록 뒷심을 가져야 한다.

올림픽 메달을 위해 오늘도 태릉선수촌에는 국가대표들 땀방울이 가득하다. 새벽 5시에 기상하여 오후 11시 잠들기 직전까지 운동한다. 근지구력을 길러주기 위해 부위별로 한두 가지 운동을, 거의 휴식을 취하지 않고 하는 서킷트레이닝까지 지옥 훈련의 연속이다. 이렇게 피

나는 스펙보다 태도가 좋다

나는 노력을 하지만, 올림픽 실전에서 금, 은, 동메달 색깔은 분명히 갈린다. 바로 뒷심 차이다. 올림픽에 입성하는 국가대표들은 실력이 한 끗 차이다. 금메달을 향한 강한 열정과 뒷심만이 올림픽 금메달리스트를 만든다.

최고 명문 미국 하버드대학교에서 놀라운 발표를 한 적이 있다. 입학생 가운데 한국계 학생 대다수가 상위 40% 이내에 들지 못했다. 그 원인이 이들과 부모의 목표는 하버드 대학교 입학이 전부였고, 장기적 비전은 없었다는 것이다. 이 역시 '뒷심' 부족 때문이다. 나폴레옹의 유명한 전략 104가지 가운데 가장 유명한 것으로 "승리는 최후의 5분에 달려 있다"는 말이 있다. 뒷심을 강조하는 것이다. 꿈, 비전, 목표설정은 바로 뒷심을 불러일으키기 위한 자기최면이라고 할 수 있다.

마라토너는 세 가지 유형으로 나뉜다. 초반 레이스가 좋은 사람, 중반 레이스가 좋은 사람, 막판 레이스가 좋은 사람. 몸만들기도 세 가지 유형으로 나눌 수 있다. 초반에 변화가 많은 사람, 중간에 변화가 많은 사람, 마지막에 변화가 많은 사람. 마라톤과 몸만들기는 큰 공통점이 있다. 아무리 초반과 중반에 잘 뛰었던 마라토너라도 완주하지 않으면 의미가 없다. 근육 만들기 또한 그렇다. 30kg짜리 아령을 15회씩 3세트를 할 때, 2세트가 끝나면 아령을 던져 버리고 싶을 정도로 힘이 든다. 하지만 팔뚝이 끊어질 것 같은 한계 순간이 바로 근육이 만들어지는 순간이다. 이렇게 뒷심이 발현되는 순간에 소기의 목적은 달성된다.

내 나이는 43살이다. 오래 산 인생은 아니지만, 그동안 인생에서 겪은 쓰라린 아픔들, 힘든 것들을 모두 이겨낼 수 있었던 것은 뒷심 덕분이었다. 그런 뒷심의 원동력은 바로 꿈이었다. 어린 시절 한때 단칸방에서 살았던 적이 있었다. 공부를 썩 잘한 것은 아니었지만, 그 당시 내가 할 수 있었던 것은 공부밖에 없었다. 그리고 정말 잘 살고 싶었다. 아니, 어엿한 집이 있어서 친구들도 초대하고 싶었고, 내 방에서 공부도 밤새워 하고 싶었다. 지금 환경은 예전과는 사뭇 다르다. 현재는 건강하신 양가 부모님, 나의 사랑스러운 아내, 딸과 아들을 험한 세상에 내던질 수 없다는 강한 책임감이 내 뒷심을 채우고 있다.

인생을 살면서 가장 필요한 3심을 마음속에 잘 새길 필요가 있다. 신입사원의 그 뜨거운 초심을 잃지 말자. 업무 매진과 자기계발을 통한 열심을 잃지 말자. 그리고 내 열정의 남은 2%까지 모두 발휘한 뒷심으로 인생의 성공자가 되자.

나는 스펙보다 태도가 좋다

2

5년 후에
나는 어떤 모습일까?

늦었다고 볼 수도 있겠지만, 지금 내 나이 마흔셋은 빛이 나는 시기다. 정말 뭐라도 할 수 있는 나이니까. 나는 지금 내 나이가 좋다. 학창 시절 때처럼 시험공부를 하지 않아도 된다. 결혼할 걱정도 없고, 아이들도 제법 잘 커 주고 있다. 지금 내 모습은 그 자체로도 좋다.

나는 "미래에 대한 걱정보다는 현재에 최선을 다하자"는 삶의 사세가 좋다. 지금이 제일 아름다운 시기라는 것을 나중에서야 깨닫는다는 것은 너무 슬픈 일이다. 과거에 대한 후회나 미래에 대한 걱정이 있더라도, 지금 이 순간 최선을 다해야 한다. 난 아마 5년 후에도 또 지금 나이가 가장 좋다고 주장하고 있을 것이다.

그렇다면 5년 후 내 모습은 어떤 모습일까? 어렸을 때 내 꿈은 선생님이었다. 고등학교 때 제일 존경했던 선생님이 있었다. 국어 선생님이신데, 교육계에서도 실력이 정평이 난 유능한 분이셨다. 그러나 그 선생님은 본인 직업에 자긍심을 갖지 못했다. 수업시간마다 "이놈의 분필장사를 왜 하는지 모르겠어." 하시며 자기비하를 하셨다. 난 그게 싫었다.

그리고 그 꿈을 저버렸다.

다음에 내 꿈은 군인이었다. 직업 장교가 되고 싶었다. 푸른 제복이 그렇게도 멋질 수가 없었다. 군 생활 속에서 느끼는 전우애와 군인 자체의 순수함도 나를 이끌었다. 입대는 사병으로 했지만, 대학교 2학년 이상 수료한 경력만 맞추면 장교로 임관할 수 있는 간부사관ocs에 지원코자 했다. 소속 포대장님도 추천을 해줘서 임관도 가능했지만, "하나뿐인 아들을 군대에 보낼 수는 없다"며, 어머니께서 반대하셨다. 결국 병장으로 전역했고, 다음 해에 복학했다.

처음 회사에 입사했을 때만 해도 내 꿈은 사장이 되는 것이었다. 그런데 직장생활 17년 차인 지금, 내 꿈은 그 당시와는 사뭇 다르다. 어떻게 보면 꿈이 작아진 것일 수도 있다.

꿈은, 아니 앞으로 5년 후 내 모습은 이랬으면 좋겠다. 지금처럼 가족들 모두 건강하고 화목했으면 좋겠다. 회사에서는 리더로서 인정받고, 후배 직원들에게도 멋진 선배가 되었으면 한다. 그리고 수백 권의 독서와 치열한 자기 성찰로 주위 사람들을 일깨우고 다독이는 인생 멘토가 되고 싶다.

우리는 현재 모습에 그저 만족하고, 그 울타리 안에서 자족하려는 경우가 있다. 그러나 5년 후에 나의 멋진 모습을 위해 꿈을 가져야만 한다. 꿈을 갖지 않는다면, 지금 모습과 5년 후 모습은 별반 다를 바 없다. 부모님께서는 나를 만들었지만, 이제는 꿈이 나를 키운다.

실업계 고교 첫 골든벨 소녀에서 꿈 멘토가 된 김수영 씨의 예를 들어 보자.

학창시절에 문제아였던 그녀는 대학교에 가고자 검정고시를 보고 여수정보과학고에 입학했다. 남들이 풀다 버린 문제집을 주워 공부하면서도 3년 내내 전교 1등을 놓치지 않았다고 한다. 수능에선 400점 만점에 375점을 받았다. KBS 도전 골든벨에도 출연해서 실업계 고교 최초로 50문제를 모두 맞혔다. 연세대 영문과에 입학해 아파트 청약 상담원, 미스터리 쇼퍼 등 20종의 아르바이트를 하며 학비를 마련했고, 200여 곳에 입사지원서를 낸 끝에 글로벌 투자 회사 골드만삭스에 입사했다.

하지만 인생은 녹록지 않았다. 입사 직후 정기검진에서 암세포가 발견된 것이다. 김 씨는 그때 처음 '죽기 전에 꼭 이루고 싶은 꿈 73가지'를 썼다. 그녀는 "꿈 목록을 적기만 했는데 세상이 달라 보였다"며 "집은 여전히 가난했지만 꿈 외에 다른 것은 눈에 들어오지 않았다"고 했다. 암은 다행히 수술로 완치됐다.

꿈 중 하나였던 '해외 취업'을 이루기 위해 영국으로 건너가 세계적인 정유회사 로열더치셸에 입사한 김 씨는 5년 후 퇴사해 본격적으로 '꿈 멘토'로 나섰다. 1년 동안 세계를 누비며 사람들이 어떤 꿈을 꾸고 어떻게 이루는지를 직접 카메라에 담아 방송했고, 베스트셀러가 된 책 『멈추지 마 다시 꿈부터 써봐』, 『당신의 꿈은 무엇입니까』 등을 펴냈다. 최근 개정판을 낸 『멈추지 마 다시 꿈부터 써봐』는 중국·대만·태국에서도 출간됐다. 유튜브 진행자이자 강연자, 사회적 기업 '드림 파노라마' 대표로도 활동하고 있다.

나 또한 그녀 책을 읽고서, 버킷리스트를 작성해 본 적이 있다. 그것을 죽기 전에 꼭 실현하기 위해서 부단한 노력을 할 것이다.

그렇다면 꿈은 어떻게 꾸어야 할까?

첫째로, 꿈은 구체적으로 종이에 쓰면 이루어진다. 이루고 싶은 확고한 꿈과 목표가 있다면 반드시 종이에 적자. 시각화를 꼭 시키자. 사고 싶은 자동차 사진도 오려 붙이고, 몸짱이 되려면 몸짱 사진이라도 붙여보자. 종이에 적고 붙여서 이를 생생하게 꿈꾸는 것과 그저 상념으로 가슴 속에만 담아두는 것은 엄청난 차이가 있다. 눈에 보이지 않는 것을 시각화함으로써 꿈과 목표를 더 구체화하고 점점 명확하게 만들어 행동으로 이끌기 때문이다. 마치, 내일 중요한 일을 앞두고서 자기 전에 마인드 컨트롤을 하는 것과 같다. 꿈과 목표를 이루기 위해서 우리 뇌는 무의식중에도 끊임없이 생각하고 방법을 찾게 되는 것이다.

나는 스펙보다 태도가 좋다

둘째로, 꿈은 간절해야 한다. 꿈이 비행기 몸체라면, 간절함은 그야말로 프로펠러와 같은 추진체다. 꿈을 가진 사람에게 있어 간절함은 다른 무엇보다 강한 무기이자 최고의 스펙이다.

따라서 구체적이고 시각화가 된 꿈, 그리고 간절함만 있다면 꿈은 어떻게든 현실이 된다. 대기업에 있으면 서로 큰 자극을 받지 못한다. 서로 비슷한 사람들이기 때문이다. 그리고 꿈도 크지 않다. 5년 후의 꿈은 더욱 없다. 난 이것을 대기업 병이라고 부른다. 대기업 병을 떨쳐버리고 지금보다 나은 미래를 위해 5년 후 내 모습을 멋지게 그려보자.

3

언젠가 할 거면 지금 하고, 누군가 할 거면
내가 하고, 이왕 할 거면 적극적으로 하자!

내 딸 민채가 어느 날 학교에 돌아와서 묻는다.

"아빠! 우리 집 가훈이 뭐야? 오늘 학교 숙제야."
그 순간 난 이 말이 바로 떠올랐다.
"'언젠가 할 거면 지금 하고, 누군가 할 거면 내가 하고, 이왕 할 거면 적극적으로 하자'야"
"아빠, 왜 이렇게 길어……. 음 알았어."

나는 스펙보다 태도가 좋다

그 후부터 이 말은 우리 집 가훈이 되었다. 이 구호는 내 좌우명이고, 복명복창 구호이기도 했다. 예전 스피치 학원에서 레슨을 마치고 항상 외쳤던 말이다.

"언젠가 할 거면! / 지금 하고! / 누군가 할 거면! / 내가 하고! / 이왕 할 거면! / 적극적으로 합시다!" 를 딱딱 끊어서 몸짓과 함께 외치다 보면, 난 어느새 그런 사람이 되어 버린 것 같았다. 이 구호를 항상 주문처럼 외우면 마법의 효과가 생긴다. 중요한 일인데 갑자기 미루고 싶을 때, 누군가를 만나고 싶지 않을 때, 나서고 싶지 않을 때, 직책을 맡기 귀찮을 때, 농땡이 좀 피고 싶을 때…… 이 구호를 마음속에 외치면, 어느새 "제가 하겠습니다"하고 손을 들고 있는 나를 발견하게 된다.

누구나 아는 당연한 구호이지만, 막상 실행하기는 쉽지 않다. 머뭇거리게 되는 외나무다리는 결국 누구나 건널 수 있는 다리다. 우리가 저지를 수 있는 치명적인 실수는 바로 실수할까 봐 시도조차 하지 않는 것이다. 시도했다가 실패했을 때보다, 시도조차 못 했을 때 더 많은 후회를 하게 된다. 우리가 실천하려고 할 때, 그것을 방해하는 망설임, 두려움, 무서움, 소심함, 창피함 등을 과감하게 물리쳐야 한다. 어차피 해야 할 일이라면 빨리하는 것이 좋다. 누군가 할 일이라면 당연히 내가 하는 것이 좋다. 혼나고 하는 것보다는 일찍 하고, 칭찬받는 것이 좋다. 모든 것이 그렇다.

등산할 때도 앞장서서 가는 게 즐겁다. 뒤처지면 더 힘들다. 그래서 체력이 약한 사람을 등산할 때 제일 앞쪽에 배치하는 것이다. 시켜서 일하면 하기도 싫을 뿐만 아니라, 억지로 하기 마련이다. 일을 알아서 하고, 즐긴다면 시간 가는 줄 모르고 신명 나게 일하는 자신을 발견할 것이다.

그렇다면, 일의 실행력을 높이고 재미있게 하기 위한 태도는 무엇일까?

첫째, 언젠가 할 거면, 지금 하자.

난 학창시절에 지독히도 내성적이고, 소극적이었다. 마음에 드는 여학생이 있어도 한마디도 못 건넸다. 고민이 있어서 선생님과 상담하고 싶어도, 그 말을 쉽사리 못 꺼냈다. 실수할까 봐, 혼날까 봐, 시도조차 못 하는 그런 내가 미웠다. "그땐 왜 말을 못했을까?" 하는 자책감이 나를 힘들게 했다.

그 이후로 내 좌우명은 '대쉬dash'가 되었다. 갈등하고 고민할 시간에 먼저 부딪쳐 보는 것이다. 때론 실수도 있었지만, 마음은 오히려 편했다. 용기 있는 내 모습이 더 자랑스러웠기 때문이다. 우리에게는 정말 많은 기회가 있다. 그런데 그 기회 중에 시도조차 못 해 흘려버린 것이 많을까? 아니면, 시도해서 실패한 결과가 더 많을까? 확률적으로도, 실행조차 못 해서 기회를 놓쳐버린 게 더 많을 것이다. 왜 거창하게 다짐했던 신념 결심은 슬그머니 없던 일이 되어버릴까? 왜 굳은 결심들이 자꾸 뒤로 미뤄지는 것일까? 가장 큰 이유는 우리 내면에 '실천해 봤자

나는 스펙보다 태도가 좋다

안 될 게 뻔해'라는 부정적 인식, 두려움, 저항, 거부감, 망설임 등이 존재하기 때문이다.

오랜 지인을 만나서 헤어질 때 흔히 "우리 다음에 한잔하자꾸나"고 하는데, 이는 곧 한잔 안 한다는 말이나 똑같다. 꼭 다시 만날 의지가 있다면, 그 자리에서 약속을 정해야 한다. "밥 먹고 하겠다"는 말에는 '지금은 하기 싫다'는 강한 거부심리가 숨어있다. "새해에 담배를 끊겠다"는 말은 '지금 당장은 담배 끊을 생각이 없다'는 것이다. "다음 달부터 다이어트를 시작하겠다"는 것은 '그때까지는 배가 터지도록 먹겠다'는 다른 표현이다.

실행력을 올리기 위한 여러 가지 비법이 있겠지만, 나는 '대쉬dash 마인드'를 더 강조하고 싶다. 우선 실행부터 하고 보는 것이다. 내가 꼭 실행하고 싶고, 이루고 싶다는 강한 욕구 자체만으로도 정당성은 확보된다. 재능이나 지식, 아이디어가 아무리 뛰어나도 실행력이 0점이라면 성과 역시 제로가 된다. 모든 위대한 성취는 반드시 실행함으로써 이루어진 것이다. 지금 바로 실행하자. 언젠가 할 거면, 바로 지금 하자!

둘째, 누군가 할 거면, 내가 하자!
핵심은 주인 정신이다. 주인처럼 일하자. 스스로 이 일의 주인이라고 생각하면 바로 주인인 것이다. 누군가를 위해서 일하는 것이 아니고, 나와 조직을 위해서 일한다고 생각해야 한다. 그리고 그 자체에서 기쁨과 보람을 느낀다면 이미 주인이다. 누군가 대신해주지 않는다. 바로 내가 해야 한다.

중요한 프로젝트를 앞두고서, 팀장이 팀원들에게 회의를 소집한다.

"자! 누가 맡아볼까?"

"내가 지정하는 것보다는 자진해서 하는 게 나을 것 같네?"

잠시 정적이 흐른다.

"제가 하겠습니다."

바로 이런 용기와 자신감이다. 막상 준비가 덜 되고, 결과가 두렵더라도 자신 있게 손을 들어 보자. 자원해서 추가 업무를 하면 회사는 그가 현재 맡은 직책보다 더 많은 능력이 있다고 받아들인다. 또 회사의 가치와 필요를 우선시하는 신뢰할 만한 직원이라고 믿으며 눈여겨보게 된다. 자발적으로 일하는 것이야말로 직장에서 자신 가치를 증명하는 좋은 방법이다. 특히, 궂은일, 남들이 하기 싫어하는 일을 자발적으로 하자. 아무도 알아주지 않을 것 같지만, 누구나 다 안다. 누가 얼마나 고생하고 팀에 이바지하는지를 말이다. 억지로 하는 것과 자발적인 것의 차이, 표정과 태도는 그것을 반영해 준다.

셋째, 이왕 할 거면, 적극적으로 하자.

소극적인 자와 적극적인 자, 부정적인 자와 긍정적인 자, 대충하는 자와 완벽하게 하는 자의 성과는 분명하다. 업무를 대충대충 하게 되면, 결국 한번 할 일을 두 번, 세 번 해야 한다. 그러나 한 번에 완벽하게 해두면, 한 번만 하면 된다. 일은 다부지게 해야 한다. 문제가 생겼을 때, 관련 부서를 소집하고, 회의를 주도적으로 하자.

나는 스펙보다 태도가 좋다

현대자동차에 있을 때 같은 팀 워킹그룹장이었던 S 차장님 일화다. 영업부서에 소속해 있었지만, 그는 생산 라인이나 품질에 문제가 생기면 즉시 생산 공장으로 출장을 갔다. 누가 시켜서 가는 것이 아니라 자발적이었다. 본사에서 전화로 확인하기보다 생산현장에 직접 가 보면 현장 상황을 더 제대로 파악할 수 있다. 실제로 공장에서 생산 문제를 축소해서 영업본부에 전달되는 일도 있었기 때문이다. 이를 정확히 경영층에 보고하는 것은 매우 중요한 일이다. 생산이 지연되면, 차량 납기가 지연되고, 바로 고객 불만으로 이어진다. 그 당시 S 차장님은 중역으로 진급해서 본사 중역을 맡고 있다. 모든 일에 적극적으로 임한 결과다.

적극적으로 하기 위해서는 결국 열정이 필요하다. 능력이 있든지 없든지, 돈이 있든지 없든지 성공하기 위해서 가장 필요한 것은 열정이다. 열정이 없는 자는 한 가지를 억척스럽게 물고 늘어지지 못한다. 그리고 매 순간 모든 에너지를 쏟아부을 정도로 온 힘을 다하지 못한다. 열정이 없는 자는 적당히 하고, 적당히 살아간다.

그러나 열정이 있는 자는 이와 다르다. 최선을 다하고, 혼신의 힘을 다한다. 그리고 근성을 발휘한다. 창의성이 주목받는 창조경제 시대에 어울리지 않는 단어일지도 모른다. 그러나 열정과 근성이야말로 우리 삶의 성공과 실패를 가르는 중요한 가치임을 새삼 깨닫게 된다.

후회하지 않는 인생을 살기 위해 가장 필요한 것은 실천하고 도진하고 시도하는 삶의 자세다. 인생을 살면서 중요한 것은 무엇이 되었느냐가 아니라, 어떻게 살았느냐다.

인생을 남들과 다르게 열심히 살았음에도 그 어떤 것도 시도조차 하지 않는 삶은 세상에서 가장 큰 후회를 낳는다. 그러나 시도하고, 도전하고, 실천하는 삶은 후회나 미련이 남지 않는다.

"인생은 단 한 번뿐이다."

도스토옙스키가 그랬던 것처럼, 일분일초라도 헛되이 살지 않겠다는 말을 매일 마음속에 되새기며, 정상에서 만나게 될 눈부신 자신을 상상해 보자. 그리고 한 걸음씩 도전해 보자.

"언젠가 할 거면 지금 하고, 누군가 할 거면 내가 하고, 이왕 할 거면 적극적으로 하자."

나는 스펙보다 태도가 좋다

4

하나만 하자

한국 여자 배구는 1976년 몬트리올 올림픽에서 여자 배구 3·4위 결정전까지 올라가, 헝가리를 물리치고 올림픽 동메달 신화를 썼다. 그로부터 40년이 흐른 지금, 우리는 '구기 종목 첫 메달'이라는 영광을 재현해 주기를 열망했지만, 아쉽게도 다음을 기약해야만 한다.

2016년 여름을 달궜던 리우 올림픽에서 여자 배구는 선전했지만 아쉽게도 4강에 오르지 못했다. 리우데자네이루 마라카나징유 배구 경기장에서 열린 네덜란드와의 8강전 경기에 패색이 짙어질 무렵, 황연주 선수가 긴급 투입되었다. 그녀는 선수들과 파이팅을 하며 외치며 이런 말을 했다.

"하나만! 하나만 하자!"

연속 득점을 해도 모자란 상황에서 "이건 또 뭐지?"라고 생각할 수도 있다. 그러나 한 점이 두 점이 되고, 세 점이 되며, 연속 득점이 된다. 결국 한 세트를 마무리하는 25점도 한 점에서 비롯된 것이다. 3세트를 먼저 이기기 위해서 당장 한 점 한 점이 중요한 것이었다. 시작이 반이라는 말이 있듯이, 이렇듯 하나의 위력은 대단하다.

반면에 '하나'를 경계해야 할 필요도 있다. 문제는 하나, 한 번, 한 숟가락, 한 모금, 한 잔이다. 하나는 두 번으로 이어지고, 두 번은 세 번으로 이어진다. 세 번은 결국 습관으로 이어질 수 있다. 한 번의 유혹과 꾐에 넘어가면 두 번은 그만큼 쉽다.

나도 그 하나의 유혹에 빠진 경우가 많다. 소식해야지 하면서도 한 숟가락의 유혹에 빠져 과식을 한다. 딱 한 잔만 하자는 동료 유혹에 결국 과음으로 이어져 다음 날을 망친 경우도 있다. 금연을 위해서, 담배한 개비만 피우고, 나머지 담뱃갑을 모두 버린 적이 몇 번이었던가!

한 번을 경계하고 자족하는 것이 절제와 겸양의 미덕이다. 이렇듯하나는 동전 양면과 같은 매력이 있다. 나는 절제와 겸양의 '하나'보다는 도전의 '하나'를 강조하고 싶다.

나는 스펙보다 태도가 좋다

EBS PD 김민태 저자는 『나는 고작 한 번 해봤을 뿐이다』에서 하나를 강조한다. '시작이 반이다'라는 말이 있고, '아무것도 하지 않으면 아무 일도 일어나지 않는다'라는 말이 있다. 이는 작은 것이라도 일단 시작하고 실천하는 것이 중요하다는 의미일 것이다. 작가는 사소한 것이라도 지금 할 수 있는 것을 한번 해 보는 것이 핵심이라고 알려 준다. EBS 다큐멘터리 작품을 많이 만든 프로듀서 김민태 저자는 작은 일에서 수많은 기회가 생기고 내면의 자존감이 강해지는 경험을 느끼고 나서, 한 번 하기의 힘을 깨닫게 되었다고 강조한다.

저자는 술자리가 있는 날에는 차를 이용하지 않는다는 결심을 실천에 옮겼다. 이는 한 정거장 일찍 내리기라는 추가 행동으로 이어졌고, 이는 매일 30분 걷기, 어깨 결림과 소화기능 개선, 번뜩이는 아이디어, 지하철에서 독서량 증가, 친구와 대화량 증가, 맛의 깨달음으로 이어졌다고 말한다.

나 또한 한 번 해서 습관으로 이어지는 경우가 있다.
그중에서도 첫째가 바로 새벽형 인간이 된 것이다. 예전에는 늦게 자고 늦게 일어나는 저녁형 인간이었다. 하지만 한 번 일찍 일어나기를 해 보니 두 번 일찍 일어나게 되었다. 점차 일찍 일어나면서 일찍 일어나는 효용성을 알게 된 것이다.
우선 회사에 일찍 출근하는 자체만으로 성실성을 인정받게 된다. 근태는 성실성의 척도다. 새벽에 일찍 출근해서 업무 관련 책과 경제 신문을 보며 여유 있게 하루를 맞이할 수 있다. 또한, 임원 및 팀장님들과의 아침 인사와 활기찬 대화는 직장생활을 한발 앞서 나갈 수 있는 지름길이기도 하다. 만원 버스와 지옥철에 시달리지 않고, 새벽에 조조 할인까지 받을 수 있는 것은 그냥 덤이다. 새벽에 일어나야 하니 밤거리를 늦게까지 배회할 일도 없다.

처음에 일찍 일어나는 것은 힘들지만, 습관이 되면 주말이어도 자동으로 일어나게 된다. 특히 토요일과 일요일 이른 새벽 시간은 자기계발에 정말 황금 같은 시간이다. 나는 주로 주말 새벽에 글을 쓰거나 책을 읽거나 운동한다. 새벽이 지나고 아침 9시가 지나면, 그때부터는 내 시간이 아닌 가족들 시간이다. 집안일도 해야 하고, 아이들과 놀아주기도 해야 하며, 양가 부모님을 만나거나 경조사에 참석하느라 정신이 없다.

둘째는 계단 오르기다. 따로 운동시간을 내기가 만만치 않은 직장인들에게 특히 추천해 주고 싶다. 생로병사의 비밀에서 실시한 '3개월 계단 오르기 프로젝트' 결과가 이를 증명해 준다.

2016년 2월, 제작진은 실험 참가자 6인을 대상으로 계단 오르기 운동을 진행했다. 3개월 후, 실험 참가자 6인의 건강검진 결과는 놀라웠다. 사전 건강검진 당시 잘못된 식습관과 생활 습관으로 건강에 이상이 있던 참가자들 대부분이 허리둘레가 줄어들었다. 중성지방 수치와 혈압 및 혈당 수치가 낮아지면서 대사증후군 증상이 개선된 것으로 나타났다. 또한, 폐 기능과 하체 근력도 향상된 것으로 나타난 것이다.

나도 처음에는 사소한 것이었다. 사무실이 있는 5층 화장실이 만석

나는 스펙보다 태도가 좋다

이라 1층 화장실에 계단으로 한 번 가봤을 뿐이다. 이제는 일부러 계단으로 1층 화장실까지 내려간다. 아침 출근 시간에 엘리베이터 기다리는 시간도 만만치가 않다. 이때 시간도 절약하고 운동도 할 겸 계단으로 걸어 올라가 보는 것은 어떨까?

셋째는 새벽에 운동하기다. 보통 새벽 운동에 대해 거부감을 느끼는 사람이 많다. 나 또한 그랬다. 그전에는 저녁에 운동했었다. 그런데 회식이다 야근이다 뭐다 하니 한 달에 8번 이상 헬스장에 가기가 쉽지 않았다. 약속으로 가지 못하는 날에는 왠지 찜찜하고 등록한 비용도 아깝기도 했다.

그래서 한 번 새벽반으로 바꿔봤다. 새벽반으로 옮기니 매일 운동을 할 수 있다는 장점이 있었다. 새벽에 약속하는 일은 거의 없기 때문이었다. 그리고 운동 후 샤워를 마치고 나서 그 상쾌함으로 사무실에 들어서는 느낌이 참 좋았다. 아침에 졸려서 사무실에 눈 비비고 들어오는 것과 운동 후 상쾌함으로 방긋방긋 미소를 지으며 출근하는 것 중에 어느 것을 선택할 것인가?

더도 말고 덜도 말고, 하나만 해 보자. 하나가 둘이 되고, 둘이 셋이 된다. 하나가 도전이라면, 두 번째는 체화와 기억이고, 세 번째는 습관이다. "하나만 하자!"

5

독서,
자기계발서로 인생을 바꾸자

　요즈음은 그야말로 자기계발 열풍이다. 부동산 공부, 독서, 영어 학원 등록, 다이어트, 골프 레슨, 프레젠테이션, 댄스학원, 제2외국어 특강 등에 많은 직장인이 시간과 노력을 들인다.

　그중에서도 가장 대표적인 자기계발은 바로 독서일 것이다. 독서는 내 인생을 바꿀 수도 있고, 수명을 늘리는 역할을 하기도 한다. 아래는 「반갑다, 책 읽으면 오래 산다는 예일대 연구」라는 이준웅 씨의 중앙일보 칼럼이다.

"책을 읽으면 오래 산다."

지난달 미국 예일대의 공중건강 연구진은 독서하면 오래 산다는 연구 결과를 '사회과학과 의학'이란 학술지에 발표했다. 50세 이상 성인 남녀 3,635명을 2001년부터 11년간 추적한 자료를 인용했는데, 독서가 장수에 미치는 효과는 크고 뚜렷했다.

독서를 정기적으로 했던 이들이 전혀 책을 읽지 않았던 사람들보다 평균적으로 23개월 더 살았다. 사망률로 비교하더라도 책을 읽는 집단과 아닌 집단 간에 6%포인트쯤 차이가 났다. 이런 차이는 여성이 남성보다 평균 수명이 길고, 만성질환이 없고 교육 수준이 높은 이들이 오래 산다는 효과를 고려한 것이다. 즉 성별·질환·자산·교육 등이 생존에 미치는 영향을 모두 고려한 후에도 책을 읽으면 더 오래 산다.

예일대 공중건강 연구진은 책을 읽으면 오래 사는 이유로 '인지 관련성이 높아지기 때문'이라는 답변을 제시했다. 인지 관련성이란 간단히 말해 기억력과 또렷한 정신 상태를 의미한다. 몰입적인 책 읽기 경험을 하는 이들은 기억력과 정신상태가 좋아지는데, 기억력과 정신상태가 좋을수록 오래 산다는 뜻이다. 연구진은 독서를 하면 인지 관련성이 높아지기 때문에 오래 사는 것이지 원래 인지 관련성이 높은 이들이 독서도 많이 해서 그런 게 아니라는 점을 세심하게 검토하기도 했다.

아쉽게도 예일대 연구진은 독서와 관련한 사회적이고 문화적인 활동으로 인한 장수 효과를 검토하지는 않았다. 과연 그들이 활용한 조사 자료에 그와 관련한 변수들이 없었을까 의아하고 아쉬웠던 대목이다. 1990년대 스웨덴 연구진이 확인했듯이 문화적 행사에 활발하게 참여하고 사회적이며 교류적인 활동을 꾸준히 하는 것도 오래 사는 데 도움을 주기 때문이다.

요컨대 책의 의의는 '읽는 데' 있다. 홀브룩 잭슨도 『도서광 해부』에서 이 자명한 명제의 중요성을 강조했다. 그는 책을 사랑하는 애서인과 책에 미친 도서광을 구분한다. 두 부류는 책을 좋아하고, 수집하고, 책과 관련한 기괴한 행위와 모험을 무릅쓴다는 점에서 같지만, 결정적으로 한 가지가 다르다. 도서광은 책을 수집할 뿐 읽지 않는다. 잭슨의 책을 읽노라면, 실은 모든 도서광 중에 실제로 책을 읽는 사람을 애서인으로 분류하는 게 타당하다는 데 동의하게 된다. 애서인은 '인지 관련성'이 높아져 미치광이의 함정에서 벗어날 뿐만 아니라 오래 살기도 한다."

[출처: 중앙일보 〈이준웅의 오! 마이 미디어
–반갑다, 책 읽으면 오래 산다는 예일대 연구〉]

이렇게 독서는 이 세상에서 가장 가치 있고, 효율적인 자기계발이자 문명 발달의 원동력인 것이다. 요즈음 스마트폰 등의 영향으로 독서 인구가 많이 줄었지만, 자기계발서는 누구나 책상에 한두 권 정도 꽂혀 있을 것이다. 그러나 자기계발서를 산더미처럼 쌓아 놓고 읽는 사람 가운데 안타깝게도 자기계발을 몸소 실행하는 사람은 뜻밖에 적다. 그저 수동적인 독서일 뿐, 절박하게 읽지 않아서다.

내 지인 중에 자기계발서를 읽지 않는 사람들도 여러 명 있다. 그들은 하나같이 이렇게 말한다.

"사람들이 왜 자기계발서를 읽는지 모르겠어."
"다 비슷비슷한 내용 아니야. 차라리 난 소설책이 낫겠어."
"우선 재미가 없잖아. 다 아는 내용인데 뭘."

나는 그들이 인생이라는 바다에서 표류하지 않고, 동기부여를 통해 꼭 꿈이 실현되기를 바란다. 물론 자기계발서를 통해서 말이다.

지독히도 힘들 때, 상사에게 깨졌을 때, 지친 삶을 위로하고 싶을 때, 뜨거운 정열이 고갈될 때, 인생이 술술 풀리지 않을 때 그 많은 책 중에서 난 자기계발서를 읽었다. 술도 좋고, 운동으로 푸는 것도 좋지만, 결과는 소모적이었다.

자기계발서는 내가 힘들 때, 언제나 지켜주고 충고해 주는 휴식 같은 친구였다. 자기계발서의 모든 내용이 나와 일치하는 것은 아니지만, 인생의 나침반으로서 들려주는 내용은 매우 훌륭하다.

많고 많은 자기계발서 중에서 옥석을 가리는 일도 쉬운 일은 아니다. 좋은 문구와 명언, 다른 성공자들의 예화를 짜깁기하는 책은 감흥이 없다. 유명하지 않은 저자라도 본인만의 진정성 있는 성공 스토리는 매우 큰 감명을 준다.

나는 어려운 현실을 이겨낸 성공 스토리가 담겨 있는 자기계발서가 좋다. 자기 분야에서 성공한 자들은 하나같이 지칠 줄 모르는 노력과 열정이 있다. 그들이 쓴 성공 스토리는 내 삶의 윤활유이자 매우 큰 동기부여가 된다.

여러 자기계발서 내용 중 대부분은 우리 모두 다 알고 있다. 다만 행동하지 않을 뿐이다. "긍정적인 마인드를 갖자", "최고가 되기 위하여 최선을 다하자", "인사 잘해라", "생각을 바꾸면 인생이 바뀐다", "시간 관리와 인맥관리를 잘해라"……. 이 모든 제언은 어쩌면 당연한 말일지도 모른다.

다만, 우리는 알면서도 행동하지 않을 뿐이다. 왜냐하면, 습관으로 체화가 안 되어 그렇다. 그래서 계속 되뇌어야 하고, 주문을 걸어야 하고, 계속 자극을 줘야 한다.

인사를 잘해야 하는 것은 물론 당연하다. 항상 밝은 미소를 짓고 사는 것이 운명을 바꿔 주는 것을 너무나도 알지만, 사람은 망각의 동물이다. 그래서 실시간으로 계속 주입해야 한다. 그래야 내 몸에 체화되어 행동으로 나타나는 것이다.

매일 인생 멘토를 만나 술잔을 나누며 고민을 나누고 코치 받을 순 없다. 하지만 진실성 있는 자기계발서와의 만남은 이것이 가능하다. 내가 정말 힘이 들고, 절망에 빠져 있을 때 나를 일으켜준 것은 바로 자기계발서였다. 이젠 내가 이런 글을 쓰고 있다. 나처럼 그 누군가도 내 글을 통해 위로를 받고 힘이 되었으면 좋겠다.

6

정년
까지 롱런하기

사법고시, 행정고시, 외무고시를 패스하는 사람들은 부러움의 대상이다. 입신양명의 지름길이기 때문이다. 신림동 고시촌에서 젊음과 낭만을 모두 반납하고, 오로지 한 꿈을 위해서 노력한 모습은 수없이 많은 갈채를 받는다. 그러나 이제 '입신양명'의 꿈은 더는 없다.

2016년 9월에 한국경제신문이 정부세종청사에서 일하는 사무관 이상 공무원 152명을 대상으로 설문조사 한 결과 공무원으로시 품고 있는 꿈으로 '장·차관이 되겠다'고 답한 사람은 21.9%에 불과했다. 과장급 이상은 36.7%가 이 답을 택했지만, 사무관은 14.6%로 비율이 절반에 미치지 못했다. 사무관은 '연구원이나 교수가 되겠다'고 답한 사람이 25.2%로 두 배 가까이 많았다.

가장 많이 선택한 항목은 기타39.1%였다. 이 가운데 상당수는 '정년퇴직'이나 '없음'이라는 답을 썼다. 한 경제부처 서기관은 "이 정권 들어 정치인이나 교수 등 '낙하산'이 장관으로 오는 경우가 많다 보니 공무원 생활만 해서는 장관 되기가 쉽지 않다는 생각이 든다"며 "욕심을 내기보다는 조용히 정년까지 지내겠다는 사람이 늘어난 것 같다"고 말했다. 꿈 잃은 젊은 사무관들 세태에 다소 놀랍기도 하지만, 가족과 저녁이 있는 삶이 중요시되는 지금에는 어쩌면 그들 답변이 당연하기까지 느껴진다.

그런데 정년까지 롱런하는 것이 어디 쉬운 일인가? 한 가지 질문해 보자.

임원을 40대 후반에 달고, 50대 초반에 회사에서 나오는 것이 나을까? 아니면, 정년 60세까지 채우고 만기 전역을 하는 게 나을까? 50대 초반 나이는 가장 경제적으로 부담되는 시기다. 자녀들이 대학교에 입학하든지, 초기 사업 자금이나 결혼 준비를 위한 목돈이 들어가기 때문이다. 회사에서 나오는 순간 자녀 학자금 지급은 이젠 옛말이 되어 버린다. 그래서 회사직원들끼리도 농담으로 이런 말을 가끔 하기도 한다. 회사는 잘 나가는 것 보다, 오래 다니는 것이 최고라고 말이다.

인생 100세 시대를 맞이하여 중년의 나이가 갖는 의미는 매우 크다 정년을 맞이하기 전까지 노후자금을 모두 벌어놔야 하기 때문이다. 평

나는 스펙보다 태도가 좋다

균 수명은 계속 늘고 있지만, 체감 정년 나이는 계속 앞당겨지는 이 현실이 참 아이러니하기도 하다.

인생에 있어 청년과 노년 사이 세대를 일컫는 말로 대략 40~60세 사이 사람들이 중년에 해당한다. 중년은 아직 젊고 의욕적이다. 또한, 성숙함과 노련함이 갖춰지는 아름다운 시기이기도 하다. 그러나 현실적으로 중년이 시작되는 40대나 중년 한복판에 서 있는 50대의 삶은 그리 녹록지 않다. 회사가 전부라고 살아왔는데, 청춘을 바친 직장에서는 나이가 들었다고 나가라고 한다. 그래서 항상 언제 나가야 할지 모르는 불안감에 휩싸여 있다. 점점 버거운 가정 경제 지출, 은퇴 후의 삶, 자녀 결혼과 부모의 죽음 등에 이르기까지 인생에서의 큰 변화나 갈등을 겪는 시기가 바로 이때다.

이런 중년 직장인들 위기가 점점 현실로 다가오고 있다. 이제는 나이가 많다고 대접받는 시대가 아니다. 예전에는 연공서열이 있어서 직급 연한이 높을수록 대우를 받았지만, 연공서열이 파괴된 지는 이미 오래됐다. 승진 연한을 채우지 않고도 능력만 있으면 승진할 수 있고, 나보다 나이 어린 직원이 팀장이 될 수도 있다. 지금의 차장, 부장급들이 실무적인 일을 꺼리거나 문서작성 등을 게을리한다면 도태될 수밖에 없는 현실이다. 그렇다면 이런 현실 속에서 정년까지 현역으로 롱런하려면 어떻게 해야 할까?

첫째, 나이로 권위를 내세우지 말아야 한다. 나보다는 회사와 팀, 동료와 후배들에게 무엇을 이바지할 수 있는지를 생각해 볼 필요가 있다. 대접받기만 하려고 하고, 설교와 훈계만 하려 한다면 후배들은 불편해하고 안 따르려 할 것이다.

나이 여든에도 다양한 배역을 소화하면서 많은 후배 연기자들에게 존경받는 배우 이순재 씨 역시 나이로 권위를 세우기보다 주어진 배역과 작품에 몰입하는 것으로 유명하다. 그는 '나이 먹었다고 주저앉아서 어른 행세하고 대우받으려고 하면 늙어 버리는 것이다'라고 말한다 TVN '꽃보다 할배'에서. 실제로 그는 많은 나이에도 시트콤을 통해 코믹 연기에 도전하여 시청률에 일조하는가 하면, '꽃보다 할배'에서도 모두가 자는 비행기 안에서 10시간 동안 여행 책을 보면서 숙소와 여행지에 관한 공부를 하고, 함께 여행하는 다른 '할배'들을 통솔하기도 했다. 권위를 내세울 수도 있고 PD나 다른 출연자들 도움을 받을 수 있을 법도한데, 언제나 작품을 위해 기대 이상의 역할 변화를 시도하는 적극적인 모습이 젊은 사람들에게 깊은 인상을 주고 있다.

[출처: LG Business Insight 2014. 12]

둘째는 뭐니 뭐니 해도 버티기 작전이다. 버티기처럼 큰 미덕이 또 있을까? 당사에서 군 시설공사 자문역으로 근무 중이신 前 국방시설본부장 박 장군님소장은 이렇게 겸손하게 말씀하신다.

"내가 여기까지 올라온 덴 특별한 건 없었어. 내가 생긴 것처럼 그렇게 카리스마가 있는 것도 아니잖아. 나보다 잘난 사람들은 이래저래 적도 많고, 다른 길로도 잘 가더라고. 난 그저 모나지 않게 둥글둥글하게 살아온 것 같아. 그래서 윗사람들도 날 편하게 생각한 것 같고. 인생은 한

길로 버티면 돼."

최장수 MC로 불리는 송해 선생님의 롱런 비결도 비슷하다. 그는 한 인터뷰에서 이렇게 말했다.

"난 특별한 진행능력도 잘난 외모도 없습니다. 그런데도 내가 이렇게 오래 한 프로그램의 MC를 볼 수 있는 건 끝까지 버텨냈기 때문입니다."

그동안 수많은 반짝스타를 보았고, 그저 스쳐 지나간 연예인도 참 많았다. 자신이 최고 위치에 있을 때 혹은 자신이 낮은 위치에 있을 때 좌절하고 자만하다 금방 잊힌 사람들 사이에서 송해 선생님은 끝까지 버텨내신 것이다. 프로그램이 줄어들기도 했고, 위기가 찾아올 때도 있었다고 한다. 그럴 때마다 이를 악물고 성실함을 무기로 끝까지 버텨냈고, 그 덕분에 지금 나이에도 왕성하게 활동을 할 수 있게 됐다. 편한 길, 편법, 성공에 대한 자만에 빠지지 않고 자신만의 길에서 성실함을 무기로 꾸준히 나아간다면 언젠가는 송해 선생님처럼 자신의 길에서 성공을 거둘 수 있을 것이다.

우리가 사랑하는 미생의 중년 회사원 오 차장도 결국 어쨌거나 회사를 나갔다. 그러나 오 차장은 말한다.

"끝까지 버티라고!"

셋째는 자신만의 경쟁력 확보다. 즉, 필살기를 갖는 것이다. 이를 위해서 계속 실력을 키우고자 노력해야 한다. 사람은 저마다 자기에게 맞는 옷이 있다. 일도 그렇다. 내게 맞지 않는 옷을 입고 실패하는 것보다 내가 잘할 수 있고 좋아하는 일, 그 분야에서 경쟁력을 확보하는 것이 가장 핵심이다. 유명한 첼리스트 파블로 카잘스Pablo Casals가 90세 이후에도 하루 6시간씩 연습하는 이유에 관해 묻자 "지금도 연습하면 할수록 실력이 는다"고 대답한 것은 유명한 일화다.

직장에서 자신이 전문성을 발휘해 일했던 분야에 관해 공부를 게을리하는 것은 곧 롱런하지 않겠다는 것과 같다. 단순히 머리가 굳어서, 아니면 '노화'라는 통념에 사로잡힌 게으름이라면 당장 떨쳐버려야 할 것이다.

일시적인 운으로는 절대 롱런하지 못한다. 갑자기 스타덤에 올랐다가 바람처럼 온데간데없이 사라진 연예인들이 바로 그런 경우다. 인생은 마라톤이다. 깊이 없는, 얕은 재주로는 오래가지 못한다. 무한경쟁 세계에서 자신 있게 자기 능력이 탁월하다고 장담할 수 있는 사람은 없을 것이다.

40대~50대에 얼마나 치열하게 사느냐가 퇴직 이후 인생 행복의 크기를 결정할 가능성이 크다. 그 시기가 지나면 하고 싶어도 할 기회를 찾기 어렵다. 곧 환갑을 바라보는 마돈나가 지금도 섹시 아이콘으로 남아있는 것은 젊어서 최고의 능력을 발휘한 것이 발판이 되었기 때문이다. 평소에 한 걸음씩 알찬 시간을 보내면 그게 디딤돌이 되어 저절로 반퇴 준비가 된다. 100세 시대를 불안하게 볼 이유가 없다. 치열하게 살면 저절로 이모작 준비가 된다.

7

모든 이의
자세와 태도

지금까지 직장인의 자세와 태도에 대한 글을 읽어주신 독자 여러분께 진심으로 감사 말씀을 드린다. 그렇다면 내가 대기업 직장인이 아닌 중견사, 또는 중소기업 직장인이라면 어떤 자세를 가져야 할까? 그리고 공직자라면?, 자영업자라면 과연 어떤 모습이 좋은 걸까?

그들이 갖춰야 할 올바른 자세와 태도에 대해 알아보자.

첫째, 중견사 또는 중소기업에 종사하는 직장인 태도다.

건설업계 직원 모임을 해 보면 중소업체 직원이 영업에 더 적극적인 것을 볼 수 있다. 이번에 수주를 못 하면 회사가 어려워진다는 절박함과 대형사와 공동도급을 해서라도 꼭 수주해야겠다는 비장함이 태도에 묻어난다. 입·낙찰 제도 또는 계약법령과 같은 제도와 이론에 박식한 직원들도 대부분 중견업체 직원이었다. 그 이유는 대형 건설사 직원들이 한 분야에만 오래 있거나 정통한 것에 반해, 중견사 직원들은 영업 기획, 입찰, 계약, 제도, 건설법 등 다양한 분야의 일을 접해 볼 수 있기 때문이다.

　건설업의 경우 그 어떤 업종에서보다도 대형 건설사와 중소업체 간의 상생을 매우 중시한다. 우리나라 경제에서 건설업이 차지하는 비중은 매우 높다. 건설업 종사자가 무려 2백만 명이 넘어, 민생 경제와 바로 직결되는 산업이 바로 건설 산업이다. 그래서 모든 입찰 제도에 중소업체와 중견사를 배려하는 정책이 담겨있다.

　최저가 낙찰제의 폐해를 방지하기 위해 새로 도입된 종합심사 낙찰제도에는 지역 업체 기여도 등의 사회적 책임 항목이 있다. 또한, 중소업체와 공동도급을 권장하게끔 공동수급체 구성에 가점을 더 주도록 입찰제도가 설계되어 있다. 그런 제도와 정책의 이면에는 중견, 중소업체 직원들의 피땀 어린 제도개선 노력과 자기 목소리를 낸 흔적들을 볼 수가 있다. 제도를 설계하는 국가 정부기관기재부, 국토부, 조달청 및 공공기관에서 건설업 상생의 명제 아래 중견업체 목소리를 간과할 수 없었을 것이다.

　　　　　　　　　나는 스펙보다 태도가 좋다

이렇듯 중소업체 직원들은 훨씬 더 다양한 업무를 배울 수 있고, 자기 역량을 발휘할 기회가 대기업 직원들보다 훨씬 많은 것을 볼 수가 있다. 그런 직원들이 대기업에 경력사원으로 채용돼서 잘 적응하고 승승장구하는 모습도 많이 봐왔다.

따라서 다양한 업무를 배우려는 적극성과 도전정신이 중소기업 직원들에게 무엇보다 필요하다. 인맥관리 차원에서 중소기업 직원들은 비슷한 크기의 업계에 종사하는 직원들과 교류도 중요하지만, 대기업 직원들과도 자주 모임을 만들어서 서로의 입장과 의견을 청취할 수 있는 균형적인 자세가 필수적이다.

둘째는 공직자 자세다.

최근 최순실 씨 국정 농단 사건으로 온 나라가 들썩이고 있다. 여러 가지 복합적인 문제들이 있겠지만, 가장 큰 문제는 바로 사심私心이다. 사심私心의 사전적 의미는 '사사로운 마음, 자기 욕심을 채우는 마음'이다. 만약에 사심私心 없이 신의성실의 원칙으로 서로 공생했다면 문제가 없었을 것이다. 그러나 과도한 사심私心이 앞서서 결국 불법을 저지르고, 비리와 특혜의 온상이 된 것이다. 공직자에게는 무엇보다 투명성이 중요하다. 그리고 국정을 하며 무엇보다 사심私心이 앞서면 안 된다. 일은 공명정대하게 하고, 나랏돈을 함부로 쓰면 안 된다. 이는 직장인에게도 매우 중요한 가치다.

컨설팅 회사의 최고경영자로 일하는 래리 마일러는 이렇게 말했다.

"회사 돈을 내 돈처럼 생각하라!"

이것이 회사에 큰돈 벌어주고, 몸값도 올리는 초특급 성공비결인 셈이다. 법인 카드를 함부로 쓰는 사람, 회사 비품을 사적으로 쓰는 사람, 과도한 접대를 받는 사람. 이런 일을 공공연하게 벌이는 사람이 동료들로부터 존경받을 리 만무하다.

셋째는 자영업자 태도다.

통계청 발표로는 지난해 폐업한 자영업자가 8만 9,000명에 이른다고 한다. 자영업자를 절벽으로 내모는 요인은 치솟는 임대료, 치열한 경쟁, 경기 불황, 불안정한 상권, 사오정과 오륙도 등 한둘이 아닐 것이다. 또한, 우후죽순식으로 생기는 업소들이 1~2년을 넘기지 못하고 사라지는 현상을 볼 때 비단 그것이 경제 불황에만 기인하는 현상이라고 보기에는 무리가 있다. 그러한 문제 중심에는 바로 고객을 대하는 태도가 있다. 내 고객을 대하는 태도가 어떤지 한번 돌아볼 필요가 있는 것이다.

손님이 가게 안에 들어갔는데도 주인이 "어서 오세요"란 말도 없이 TV를 보고 있거나, 자기 일 하느라 손님을 소 닭 보듯이 하는 경우가 많다. 몇 번을 불러야 간신히 주문을 받으러 오고, 나갈 때도 "안녕히 가세요"란 인사조차 하지 않는 경우도 있다. 고객 응대 교육을 제대로 받지 못한 종업원들이 그러기도 하며 심지어 업주가 그러기도 한다. 내 돈 내가면서 짐짝 취급당하는 곳에 다시 갈 손님은 아마 없을 것이다.

나는 스펙보다 태도가 좋다

다음은 손님에게 인색한 태도다. 음식점, 호프집, 주점에서 기본 안주나 밑반찬을 더 요청할 때가 있다. 일본 등 해외처럼 밑반찬에도 가격이 매겨져 있거나, 밑반찬 자체가 아예 없다면 그러려니 한다. 하지만 아직 한국은 서비스 겸 '인심'이란 명목으로 무료 제공한다. 그런데 인상을 쓰거나, 젓가락 대기가 민망할 정도로 조금 갖다 준다면 손님은 그 야박함에 발길을 끊게 될 것이다.

일본 요식업계의 전설이라 불리는 '우노 다카시'는 당신도 얼마든지 장사의 신이 될 수 있다고 과감하게 선언한다. 그가 이렇게 호언장담하는 이유는 바로 장사에 임하는 태도에서 확연히 드러난다. 장사에 대한 관점이 외부에 맞춰진 것이 아닌 자신에게로 맞춰진 모습, "어떤 가게를 해야 내가 진심으로 즐거울까?"를 진지하게 고민하고 그 결과를 토대로 손님을 대할 때 진정으로 정성을 기울일 수 있다고 저자는 말한다.

지금까지 중소기업 직원, 공직자, 자영업자 태도에 대해 알아보았다. **결국 중요한 것은 인성과 태도다.** 인성과 태도가 좋다면, 부와 명예도 자연스럽게 따라온다는 것을 자부한다.

끝으로 영화 캐리비안의 해적에 나온 명구名句를 소개해 보고자 한다.

"문제 자체가

문제인 건 아니야.

진짜 문제는

그 문제를 대하는

너의 태도야."

"The problem is

not the problem.

The problem is

your attitude

about the problem"

[영화 캐리비안의 해적 中 잭 스패로의 대사 중에서]

Epilogue

'최순실 특종' 후 대중의 두터운 신뢰를 얻고 있는 손석희 JTBC 사장이 보도국 직원들에게 보낸 편지는 내 눈길을 사로잡았다.

"채널에 대한 관심은 곧바로 구성원에 대한 관심으로 이어집니다. 겸손하고 자중하고 또 겸손하고 자중합시다. 만나는 모든 이들에게 그렇게 해야 합니다. 취재현장은 물론이고, 길 가다 스쳐 지나는 사람들에게까지도"

"금주 들어 내놓고 있는 단독 보도들은 사람들을 속 시원하게 하는 면도 있지만 동시에 깊이를 알 수 없는 자괴감에 빠지게도 하는 내용입니다. 우리는 본의 아니게 사람들에게 치유하기 어려운 상실감을 던져주고 있기도 한 것입니다. 그러니 우리의 태도는 너무나 중요합니다."

손석희 사장은 이메일에서 직원들에게 낮은 태도를 강조하면서도, 강한 자부심을 부여했다. 이 편지 문구를 통해서 태도의 중요성을 다시 한 번 실감할 수 있었다. 그 어느 곳에서도 예의 바르고 긍정적인 태도는 무척 중요하다.

직장생활 또한 똑같다. 아무리 스펙이 좋아도, 태도가 안 좋으면 오래 못 간다. 예전에는 아래 직원들 공을 가로채고, 윗사람들 비위만 잘 맞춰도 성공하는 경우가 있었다. 하지만 지금은 어림도 없다. 회사에서 잘 나가고, 일명 성공 가도에 오른 분들의 공통점은 모두 좋은 태도와 인성을 가지고 있다는 것이다. 스포츠에서 멘탈이 중요하듯이, 직장생활도 마인드와 태도가 중요하다. 그래서 나는 스펙보다 태도가 좋다.

처음 책을 썼다고 알렸을 때, 주위 반응은 대체로 이랬다.

"우와 대단하네. 바쁜데 언제 이렇게 썼대."
"책 쓸 생각을 어떻게 했지? 우와 멋있다. 나도 한번 써볼까?"

아래와 같은 반응도 물론 있었다.

"회사 그만두고 뭐 딴 거 하려고 그러니?"
"요즈음 회사생활 편하구나!"

누구나 관점은 다양하다. 그래서 그런 반응에 대한 반감은 물론 없다.

"그럼 내가 왜 책을 썼는가?"

첫째는 직장 생활 태도에 대한 중요성과 가치를 전해주기 위해서 책

만큼 좋은 수단은 없었기 때문이다. 말로 하면 듣기 싫은 설교가 되지만, 책으로 써내면 공감을 불러일으킨다.

둘째는 바로 내 인생 버킷 리스트였다. 언젠가는 쓰고 싶었다. 내 인생 좌우명이 "언젠가 할 거면 지금 하고, 누군가 할 거면 내가 하고, 이왕 할 거면 적극적으로 하자"고, 그 언젠가는 바로 지금이었다. 글을 한 자, 한 장 쓰면서, 힘들기보다는 즐거웠다. 울고, 웃고, 아파하며 남김없이 글로 쏟아내는 것은 일종의 카타르시스였다.

수많은 자기계발서 저자들이 지금도 잘살고 있는지는 아무도 모른다. 하지만 난 이제 차장이고, 앞으로 직급이 올라갈 때마다 책을 한 권씩 쓸 계획을 하고 있다. 독자 입장에서는 저자가 성장하는 모습을 보는 것도 독서의 흥미로운 요소 중 하나가 될 듯싶다. 이 원고를 통해, 어려운 환경 속에서 일도 잘하고, 태도도 좋은 직장인들이 더 많아지길 소원한다.

2017년 겨울
김천희

| 참고문헌 |

- 송은주·김지혜 기자. 「시청자를 지배하는 3가지 과학법칙」. 스포츠서울. 2008.6.5.
- 김상수 기자. 「직장인 10명 중 9명, 외모도 직장인의 경쟁력」. 헤럴드경제. 2011.2.7.
- 중앙일보 기자단. 「"학벌사회 깨진다"」. 중앙일보 1, 4, 5면. 2014.10.22.
- 김지현 기자. 「여상 출신 첫 삼성 상무… 그녀의 비결은?」. 동아일보. 2014.1.15.
- 조선일보 기자단, 「'호남·상고·여성'의 벽 뚫은 양향자 삼성전자 상무」. 조선일보. 2014.1.14.
- 유부혁 기자. 「떠나는 직원 80%, 꽉 막힌 조직문화 때문」. 중앙일보. 2016.9.12.
- 조정훈 기자. 「진정한 노력은 배신하지 않는다」. 조선일보. 2015.6.12.
- 김은별 기자. 「신직장인 보고서」. 아시아경제. 2016.7.13.
- 이준웅. 「반갑다, 책 읽으면 오래 산다는 예일대 연구」. 중앙일보. 2016.8.23.
- 이재아 기자. 「다운증후군에도 불구… 맥도날드서 '32년간' 근무 후 은퇴한 여성」. 서울경제신문. 2016.8.31.
- 공병호. 『습관은 배신하지 않는다』. 21세기북스. 2011.
- 김민태. 『나는 고작 한번 해봤을 뿐이다』. 위즈덤하우스. 2016.
- 김지윤. 『직장생활도 연애처럼』. 김영사. 2015.
- 민영욱. 『성공하는 사람들의 화술 테크닉』. 가림출판사. 2001.
- 마크 트웨인. 『아서 왕 궁전의 코네티컷 양키』. 시공사. 2010.

- 박범신. 『촐라체』. 푸른숲. 2008.

- 박용후. 『관점을 디자인하라』. 프롬북스. 2013.

- 박지원. 「정년까지 롱런하는 인재들의 특징」. LG Business Insight. 2014.12.

- 우노 다카시. 『장사의 신』. 쌤앤파커스. 2012.

- 유시민. 『유시민의 글쓰기 특강』. 아름다운 사람들. 2015.

- 한창욱. 『나를 변화시키는 좋은 습관』. 새론북스. 2004.

- 히노 에이타로. 『아 보람 따위 됐으니 야근수당 주세요』. 오우아. 2016.